本书系国家社科基金重大项目"网络时代的社会治理与刑法体系的理论创新研究"（项目编号：20&ZD199）的阶段性研究成果

本出版物受上海市高水平地方高校（学科）建设项目资助

刘宪权 主编　　龙敏 副主编

XINGFAXUEYANJIU

刑法学研究

ChatGPT 等生成式人工智能刑事责任问题研究　第**16**卷

上海人民出版社

前　言

备豫不虞，为国常道。ChatGPT 等生成式人工智能的产生和发展必然引发社会生产力的新一轮爆发，进而导致生产关系发生重大改变。因此，刑法理论上有必要对 ChatGPT 等生成式人工智能可能涉及的各种犯罪类型，以及可能对传统刑法理论造成的冲击作出深度考量和前瞻性思考。职是之故，本书以"ChatGPT 等生成式人工智能刑事责任问题研究"为主题，分"博士论坛""专题笔谈""理论前沿"及"热点透视"四个板块以期进行深入的探讨与研究。

"博士论坛"板块中共有两篇文章，重点从刑事责任的承担与分配的角度对生成式人工智能刑事责任问题展开讨论。《ChatGPT 等生成式人工智能的责任认定与刑事规制研究》一文指出传统刑法以意志为轴心的主观理论无力回应生成式人工智能对人类社会带来的危害，故有必要将研究触角延伸到比较法领域，引入英美国家刑法体系中的严格责任理论，从而解决生成式人工智能犯罪主观方面认定困难的问题。基于此，应构建囊括人工智能算法特性的社会责任伦理体系和归责逻辑，从积极与消极层面构建生成式人工智能刑事责任归责架构；同时，应明确研发、生产、销售、应用全过程中各主体的安全保障义务，并设计生成式人工智能的刑事责任承担模式。《法域协调视角下生成式人工智能产物涉知识产权问题刍议——以 ChatGPT 为例》一文指出随着科技的不断发展，带有情感的生成式强人工智能产品终有一天会被设计并投入使用，在法域协调视角下，不仅应肯定生成式强人工智能的作者主体地位，而且应当明确生成式强人工智能的主体地位，既要肯定其可能成为刑法的犯罪主体，也要肯定其能成为刑法中的被害人。

"专题笔谈"板块中的三篇文章，则侧重于生成式人工智能刑事风险的认定与规制。《生成式人工智能刑事责任的认定逻辑》一文认为生成式人工智能犯罪的本质是人为风险在生成式人工智能领域的扩张，区分人为风险与技术风险成为生成式人工智能刑事治理的总体逻辑。为此，刑事责任的认定需要明确归因在前、归责在后的体系性顺序，在归因标准上采取客观归责理论，判断行为是否创设了法所不容许的风险，在归责标准上区分研发者责任与使用者责任，从严打击两大主体的故意犯罪,合理认定过失犯罪。《ChatGPT 与爬虫程序协同运作的刑事风险及应对研究》一文认为 ChatGPT 与爬虫程序协同运作的模式使得 ChatGPT 与爬虫二者的能力得到进一步的显著提升,但同时也给社会带来了全新的刑事风险。因此,对于 ChatGPT 与爬虫程序协同运作中危害行为的规制应当在坚持罪刑法定原则的基础上,遵守保护科技发展原则和刑法谦抑性原则;刑法应对 ChatGPT 与爬虫程序协同运作中危害行为作实质解释,否定单纯获取数据行为的违法性,并对 ChatGPT 中的"学习"行为作分类解释。《预防目的导向下生成式人工智能犯罪中过失犯的刑事规制》一文认为生成式人工智能在当今社会产生数据信息风险、知识产权风险和声誉名誉受损等刑事风险,而在平衡科学技术进步和预防犯罪目的中,生成式人工智能的研发者和使用者的过失犯罪行为极易受到刑事否定性评价。为此,在判定生成式人工智能过失犯不法与责任时,需要通过客观归责理论中被容许的风险理论来判断行为人的不法行为,转变以预见可能性为核心的主观归责结构为以规范性评价为核心的客观归责结构。

"理论前沿"板块的四篇文章聚焦于反思与重塑后人工智能时代的刑法应对路径。《非法获取计算机信息系统数据罪的适用困境及出路》一文认为非法获取计算机信息系统数据罪在司法适用中存在数据范围泛化、实行行为过窄的问题。该罪保护的是数据本身的价值,即数据安全法益,未侵犯数据安全法益或其他传统法益的都不应当被认定为非法获取计算机信息系统数据罪;应解除非法获取计算机信息系统数据罪的行为类型限制,同时增加规制破坏数据和滥用数据的行为,使该罪能够规范实践中愈加复杂的侵犯数据行为。《侵犯公民个人信息罪保护法益的再思考——以生成式人工智能技术应用为背景》一文认为生成式人工智能的技术发展造成作为私域与公域之间界限的物理性隔离失灵,使得公民"知情同意"作为私域与公域之间新的界限成为必须。因此,为了更好地维护公民的知情同意权利,侵犯公民个人信息罪所保护的法益应当结合大数据时代下个人信息特质进行一定的转变,将其界定为与公民人格、财产权紧密关联的个人信息自决权。《强人工智能刑事责任主体地位之证成——以 ChatGPT 为视角》一文认为在应然层面强人工智能拥有自由意识,能够成为法律主体且具有刑事责任能力,能够成为刑事责任主体,并且强人工智能具有受刑能力,对其施加刑罚能够实现刑罚的目的;在实然层面可以通过单行刑法的方式为其拟制"智能人"的特殊刑事责任主体地位,构建特殊的刑罚体系。《后人工智能时代的刑法理论变革与刑事立法建构》一文认为在刑法理论方面,后人工智能时代的到来对以人类为中心的自由意志产生了巨大冲击,传统故意与过失的主观罪过类型与人工智能之间存在适用层面的鸿沟，亟须通过解释搭建二者之间的桥梁；在刑事立法建构方面应当坚守从修正案立法模式到专门立法模式的基本路径，总则部分应确立专属人工智能的刑法基本原则、刑事责任主体地位、主观罪过形式以及特殊的刑罚措施，分则部分应根据人工智能犯罪的特殊性适时作出调整。

"热点透视"板块的三篇文章则着眼于生成式人工智能引发的热点问题各抒己见。《生成式人工智能相关犯罪中刑事责任的认定——以侵犯知识产权类犯罪为视角》一文认为当生成式人工智能作为犯罪对象时，行为人可能构成侵犯著作权罪或侵犯商业秘密罪，而研发者可能涉嫌侵犯著作权罪；当生成式人工智能作为犯罪工具时，使用者都可能构成著作权犯罪或商业秘密犯罪，同时应当从"客观归因—主观归责"的角度认定研发者的刑事责任；此外，通过区分生成式人工智能是否完全被编程控制来考量人工智能生成内容过程中各个参与者的刑事责任问题。《生成式人工智能涉知识产权犯罪研究》一文讨论了生成式人工智能使用者和研发者可能面临的知识产权犯罪问题，首先在对人工智能生成内容的知识产权属性进行分类界定的基础上，分析使用者对各类生成内容不当利用行为的危害与刑法规制；其次结合知识产权类犯罪的规范构造和前置法的基本理论，分析研发者的数据挖掘行为在何种情形下可能构成侵犯著作权罪或侵犯商业秘密罪；最后明确研发者在生成式人工智能应用阶段的刑事责任承担。《数据被遗忘权的刑法保护：以 ChatGPT 为例》一文认为数据被遗忘权符合刑法法益的保护范畴，生成式人工智能的平台开发者、管理者以及使用者针对数据被遗忘权的行使都具有相应的义务，相关主体可能构成侵犯公民个人信息罪、拒不履行信息网络安全管理义务罪、侮辱罪和诽谤罪等；同时应当合理分配研发者和管理者的刑事责任，并要求其承担相应的合规管理责任；此外，应当考虑增设妨害数据流通罪和重大数据安全事故罪。

本书概况大致如上。在此再次向各位学界同人和读者朋友表示诚挚的谢意，感谢各位对《刑法学研究》的关心与支持，也衷心地希望各位理论研究者和司法从业者能在刑法学研究与实践中产生更多智慧的火花，为我国刑法学研究事业的发展注入不竭的动力源泉。

刘宪权

2023 年 12 月于东风楼

目录
CONTENTS

热点透视

博士论坛

ChatGPT 等生成式人工智能的责任认定与刑事规制研究

李金珂[*]

内容摘要 无论是 ChatGPT 还是 GPT-4,都只是拉开了生成式人工智能冲击既有社会和行业规则的序幕。在可以预见的未来,以 ChatGPT 为引擎的生成式人工智能技术还将给人类社会带来更多颠覆性的变革——一方面凭借语言表达的类人性、逻辑组织的连续性、内容生成的多元性展现了生成式强人工智能的技术优势,另一方面也因增长速度不可估量的计算能力给社会生活的既定规则带来挑战,其中就不乏强人工智能犯罪责任承担的制度因应。本文首先通过对生成式人工智能主观罪过的法律依据进行论述和省思,明确生成式人工智能犯罪的主观罪过特征;其次阐释生成式人工智能犯罪的可能构造、其刑事归责路径的酌定等问题,明确生成式人工智能的罪责观定位;再次进行生成式人工智能的刑事责任承担模式设计;最后进行生成式人工智能的刑事制裁体系创制,认为应当结合生成式人工智能刑事责任的形态、刑事归责的后果等,向其施以具有刑法规制效果的"惩罚",兼顾事后报应、社会恢复、未来预防等目标的实现。

关键词 ChatGPT 生成式人工智能 刑事责任

一、问题的提出

ChatGPT 聊天机器人方一问世便引发社会各界的关注与热议,作为强人工智能的"升级版",以 ChatGPT 为代表的生成式人工智能具备了程序创造能力,能够根据用户输入的指令生成新的内容,且形式不拘于传统文字,而是能结合用户需求,针对性地生成文字、图片、代码,甚至视频。从以"阿尔法狗"(AlphaGo)为代表的、仅在单一领域卓有成就的弱人工智能发展为今天的强人工智能 ChatGPT,进阶之显著堪称"石破天惊"。然而 ChatGPT 问世后不到三个月的时间,其第四代 GPT-4 便以更加强大的功能、更加周密的算法刷新了人

* 李金珂,北京师范大学博士研究生。

们对生成式人工智能的认知,并由此引发一系列生成式人工智能冲击人类社会的遐想和隐忧。

刑法学界对人工智能的研究存在两个基点:弱人工智能和强人工智能。围绕弱人工智能展开的研究倾向于认为人类社会短期内不会僭越弱人工智能阶段,由于弱人工智能必须以人的意志为主导,其本质是擅长特定领域、具备一定判断能力的专家系统,具有鲜明的人类工具的属性,因此不具备刑法上的主体地位,由弱人工智能引发的犯罪行为的罪责自然由发明或使用该人工智能的特定主体承担。①以 ChatGPT 为代表的生成式人工智能问世后,其运用实践表明了一个事实:即使今天的生成式人工智能尚未完全摆脱对人类意志和知识的依赖,但也不再完全受人类意志和知识的支配,而是可以在其超强算法所支持的自主生成方案的主导下实施冲击人类社会规则的违法犯罪行为。在生成式人工智能已然带来不可规避的法律风险的当下,如何重构人工智能刑法的罪责观、创新人工智能刑法的制裁体系,是刑法理论和实务领域应当在生成式人工智能强力冲击人类社会生活的当下作出的回应。

二、生成式人工智能犯罪的主观罪过特征

(一) 生成式人工智能主观罪过的法律依据之辨

作为现代刑法体系之奠基的刑事古典学派认为"自由意志"是犯罪的前置条件,②而自由意志归属且仅归属于理性的社会人。纵使随着时移世易,出现了法人犯罪这种看似超出理性社会人主体范畴的犯罪类型,但其主观上并没有脱离单个人自由意志的根基。申言之,行为主体必须具备自由意志,才有进一步衍生主观罪过的可能性。但这一原本隽永的命题在介入生成式人工智能犯罪问题的讨论中时似乎出现了分叉——自由意志必须依附于自然人而存在,但生成式人工智能的载体是智能机器而非肉身。那么,凭借 ChatGPT 这类生成式人工智能问世后的出色表现,尤其是情绪洞察和情感顺应等本应只为人所有的反应,能否认为生成式人工智能虽然在外观上不具备自然人的生理特性,但实则拥有和自然人相同的自由意志? 为明确这一问题,首先要厘清"自由意志"的具体所指。通常而言,自由意志折射出来的是自主选择的能力,但这种能力并

---

① 参见王殿宇:《人工智能刑事主体资格之否定及其进路》,载《广西大学学报(哲学社会科学版)》2019年第5期。

② [日]大冢仁:《刑法における新旧両派の理论》,日本评论社 1957 年版,第 11 页。

不为人所独有,因为自然界中能作出自主选择的动物比比皆是。因此严格意义上,自由意志是作出理性选择的能力,即相应主体明确知晓选择带来的后果且愿意承担对应的责任。

以 ChatGPT 为代表的生成式人工智能的每一次内容生成都可以视作一次自主选择,但这种选择是建立在人类提供的大型语言和强化学习微调训练模型的基础之上,必须与庞大的语料库相连接,向其强制赋予语言的理解和生成能力。①简而言之,ChatGPT 此类生成式人工智能是生成式预训练和算法语言转换融合后的语言生成类产物,其作出选择的本质是通过大数据分析得出最优解。这意味着生成式人工智能选择的对象仅限于数字化处理过的内容,当这种选择因算法差错而引发严重后果并需要担责时,生成式人工智能是意识不到的,而且自由意志在刑事责任承担中仅发挥生理基础的作用,并不具有法律依据的功能,就算生成式人工智能可以作出自主选择,也不会理性觉知该选择所对应的后果,因此不足以成为承担刑事责任的主观罪过之依据。综上,在当前的犯罪理论体系架构中,以 ChatGPT 为代表的生成式人工智能所作的选择尚未达到理性的程度,不具备自由意志之实质,因此主观罪过并不具有存在之基础。

(二) 生成式人工智能主观罪过之省思

一方面,ChatGPT 的问世使人们对人工智能感到了前所未有的惊喜,同时也产生了前所未有的担忧。从弱人工智能到强人工智能不过十余年时间,而 ChatGPT 从初代发展到功能更加强大的第四代,用时仅三个月,迭代之快令人目不暇接。以 ChatGPT 为代表的生成式人工智能在神经网络技术的加持下接近甚至超越人类的认知能力、思辨能力、自控能力。很显然,如果将主观罪过的内核——"意志",作为人类与人工智能的分野,那么这一分野正不断变窄并趋于消解。在当今社会,弱人工智能犯罪已不是新鲜事,不过在弱人工智能技术条件下,犯罪风险仍然来源于"人"——"人"以人工智能为工具实施犯罪,"人"是犯罪行为的绝对主导。②对此,刑法尚且没能对人工智能犯罪进行合理有效的规制,更遑论生成式人工智能的犯罪。法律往往滞后于社会生活,刑法更是被快速迭代更新的生成式人工智能远远赶超。总之,现行刑法在规制生成式人工智能犯罪方面还有很长的路要走。

另一方面,若肯定生成式人工智能存在主观罪过,那么生成式人工智能的

---

① 邓建鹏、朱怿成:《ChatGPT 模型的法律风险及应对之策》,载《新疆师范大学学报(哲学社会科学版)》2023 年第 5 期。

② 许钟灵、吴情树:《人工智能体过失刑事风险的因应》,载《法治社会》2020 年第 6 期。

刑法规制将难以符合传统刑法以意志为轴心的主观理论。无论刑事犯罪的主体是自然人还是法人,其刑事责任承担的基础都是意志:前者是个人意志,后者是集体意志。诚然,弱人工智能不具有刑事主体资格,但具有情感倾向、能够自主生成创见性内容的生成式人工智能却颠覆了弱人工智能主观罪过说的根基。根据欧洲刑警组织的深度调查,ChatGPT 能够模仿特定笔迹,从而仿造欺诈文案,以及为"黑客"生成网络攻击代码,这一系列行为俨然具有"共犯"性质,然而当前的刑法体系中尚无生成式人工智能的理论土壤,因此传统刑法主观理论有待得到新的解释或作出变革。以 ChatGPT 为代表的生成式人工智能展现出来的多维功能表明,在人工智能技术不断冲击和重塑社会多领域规则和秩序的当下和未来,由非人类主体实施或主导的违法犯罪行为将不断增加。届时,为回应生成式人工智能对人类社会带来的危害,刑事立法、刑事司法乃至整个理论体系都需要因势利导作出调整与变革,但宏观理论的回应只能凸显生成式人工智能刑法应对的重要性,而不能解决其实际引发的刑法规制问题。本文认为,为了使理论和实践都有所增益,有必要将研究触角延伸到比较法领域,引入英美国家刑法体系中的严格责任理论。这一理论与生成式人工智能刑法规制确有结合点:其一,"风险社会"的严格责任理论就是生成式人工智能犯罪刑法规制的土壤,以 ChatGPT 为代表的生成式人工智能在未来有可能在多领域产生犯罪风险,而这显然是风险社会的写照之一;其二,严格责任的基础是英美实用主义哲学,提出之初便带有惩治犯罪的诉讼功利主义属性,[1]这一属性使严格责任理论能够较好地适用于主观方面认定困难的生成式人工智能犯罪。

三、生成式人工智能的罪责观定位

生成式人工智能问世带来的不仅是既有社会主体结构的变化,也是法律责任主体结构的革新。这些牵涉面极广的嬗变不可避免地撼动传统刑事责任理念的根基,使得既往的责任伦理依据、刑事责任承担和分配原则等都有可能被迫重置。为了在生成式人工智能犯罪冲击人类社会既定规则之前作出有效因应,有必要明确生成式人工智能时代的罪责观念和刑事责任承担与分配依据。

(一)生成式人工智能对传统罪责理论的冲击

如上文所述,ChatGPT 诞生后,过往以弱人工智能为主的人工智能不具备

---

[1] 赵东:《我国刑事严格责任之确立:以风险社会与新派理论为视角》,载《社科纵横》2018 年第 7 期。

刑事犯罪主体地位的命题不再必然成立,生成式人工智能法律地位的变迁必然在整个刑法体系中形成"牵一发而动全身"的影响,这种影响在罪责厘定方面尤为明显。

1. 生成式人工智能引致的刑事归责技术伦理疑难

早在弱人工智能时期,人工智能是否享有独立的法律人格地位就是各学科、各领域专家讨论不休的课题。在生成式人工智能产物 ChatGPT 表现出诸多弱人工智能所不具备的功能特性和"类人"特征,如情绪洞察和情感倾向能力后,有关生成式人工智能社会地位和身份属性的争论再度升温,争点集中在此类外部表现和内部机制具有"类人性"的人工智能系统是否拥有道德或法律上的地位,以及是否享有"机器权利"。诚然,动物与机器的一大本质差异在于前者拥有生命属性,而后者是人类创造出来的,不具有生命属性,但生命属性的失落是否同时意味着独立意识的失落? 这对于已经在多领域有着创见性表现的ChatGPT 而言恐怕未必如此。作为生成式人工智能,其"生成性"的功能特征似在一定程度上表明 ChatGPT 能拥有一定范围内的独立意识。在未来,生成式人工智能是否拥有法律上的权利义务,是否能与"人"进行身份互换,是摆在刑法面前的理论和现实课题,因为生成式人工智能催生出的智能社会伦理观必然影响法律责任观和刑法罪责观。[1]比如早在 2014 年,瑞士研发团队 IMediengruppe Bitnik 打造了一个从网络市场上随机购买商品的购物机器人,在随机购买到禁品"摇头丸"并被举报后,瑞士警察介入并将该机器人带走。最终的处理结果是警察没收"摇头丸",但并未对研发团队提出指控,原因一方面是研发团队并未指使该购物机器人购买违禁品,"摇头丸"是随机买到的产品,因而研发团队不应担责;另一方面是接受了程序设定的机器人不应也不能担责。虽然此例中的购物机器人属于弱人工智能产品,但其带来的司法处决困境足以表明人工智能的诞生已然冲击了当前的罪责观。

2. 生成式人工智能中有悖道德伦理的应用及其归责困难

在谈及生成式人工智能有可能对人类社会的伦理道德造成的颠覆时,人工智能性爱机器人最能说明当中蛰伏的伦理风险和归责难题。先后于 2017 年和2018 年问世的女性爱机器人 Harmony 和男性爱机器人 Henry 凭借它们堪称完美的容貌、体型、共情力,方一推出市场便迅速售罄。这些具有高度隐秘功能的人工智能产品不仅会与人类发生"性关系",甚至会吸引人类对其产生情感依

---

[1] 刘宪权、朱彦:《人工智能时代对传统刑法理论的挑战》,载《上海政法学院学报(法治论丛)》2018 年第 2 期。

赖,最重要的是,它们预示了人工智能和人类未来关系的走向。对于此类和人类具有强情感链接的人工智能,人们臧否不一,原因就是高度渗入人类日常生活中的人工智能有很大可能引发复杂的社会问题甚至伦理道德问题。比如上述性爱机器人有可能对强奸罪的认定产生不可忽视的影响,由此带来刑事归责的困难,甚至挑战既有的伦理秩序和犯罪构成要件——对于比性爱机器人更高级的生成式人工智能而言,能否对其"类人"地适用犯罪认定标准,以及能否适用"罪责自负"的归责原则,这些问题有待在当下和未来的刑事司法理论建设和实务操作中予以明确。本文认为,就生成式人工智能的算法逻辑和运行机制来看,在人类社会土壤中制定和发展起来的伦理规则对其并不适用。同样,"罪责自负"以及"基于行为负责"等传统归责原则在生成式人工智能领域也将"水土不服"。为了避免生成式人工智能的诞生和发展侵蚀人类社会的伦理道德秩序和法治根基,有必要围绕生成式人工智能的算法原理,构建一套针对人工智能主体、人工智能犯罪的伦理秩序和罪责体系,在此基础上结合人工智能的具体应用对上述规则进行解释和细化。

3. 意志自由在生成式人工智能时代归责体系中的存废

根据美国 OpenAI 公司对 ChatGPT 运行机制的介绍,该模型首先要在监督真空解释环境中对既有的文本语料进行自主学习训练,然后在翻译模型的支持下构建类人的语言表达模式。收到用户指令后,完成以上步骤的 ChatGPT 模型将在短时间内把指令转化加工为数字序列并最终呈现出形式和内容都具有创见性的回答。很显然,ChatGPT 的生成能力是基于"深度学习",这样的生成模式明显有别于人类天然的"意识",但是否具有现代刑法视域下"人的意志自由"的属性,有待进一步讨论。

首先,所谓"意志自由"是近代伦理学的产物,其内涵是道德选择必须基于意志自由,即意志不能自主和自由,道德与法也无从谈起。理性的人能意识到自己的意志并掌控其状态,反之则任由情绪和妄想驱策。这也是不具有意志自由的精神病患者不承担刑事责任的原因所在。刑法对行为人刑事责任的判定及分配就以意志自由为前提,意志的自由程度不仅直接关乎定罪量刑的过程和结果,同时也是准确定罪、科学合理量刑的根本依据,但这一定罪量刑的基础并不直接适用于尚无真正意义上的"自由意志"的生成式人工智能。

其次,以 ChatGPT 为代表的生成式人工智能,尤其是第四代具备超强的运算能力和学习能力,在很多领域的智识与人相比有过之而无不及。在打造和发展人工智能的过程中,人本应是唯一合理的责任主体,但这一社会和法律地位却随着人工智能技术的更新迭代而出现动摇,继而使根深蒂固的责任伦理观——罪责自负，也处在被颠覆的风险中。在已然来临的生成式人工智能时代，以 ChatGPT 为代表的智能主体能否担责、如何担责，以及 ChatGPT 广泛招致的"失控"担忧表明智能主体背后的归责对象的确定等都是亟待解决且迫在眉睫的问题。在本文看来，首要任务是构建囊括人工智能算法特性的社会责任伦理体系，不受制于传统罪责观的归责逻辑，而是在生成式人工智能时代的社会责任伦理体系中衍生新的归责逻辑。

最后，生成式人工智能引发的隐忧归根结底是不可视的技术风险，这种风险不仅来源于生成式人工智能对人类堪比"降维打击"的高度智能化，也来源于其深度学习机制已经发展到就连创造者也无法解释其将作出怎样的具体预测的程度。[①]这对于笃信"耳听为虚眼见为实"的自然人而言将是复杂的真假博弈，证据源的可靠性降低也将导致广泛的社会信任危机。这一系列连锁反应渗透到刑事犯罪领域，造成的有可能是刑法正义价值、法律权威、人类社会固有秩序等的消亡。为抵御这些问题的发生，生成式人工智能时代的刑事责任体系亟待重构。

（二）生成式人工智能犯罪要件的可能构造

首先，以"自主意识"和"道德伦理"为支撑的前提条件。从当前犯罪构成要件的内容来看，生成式人工智能产生故意、过失等心理并且具备刑法层面上的认知能力的前提是具有类人的道德伦理标准和自主意识。[②]考虑到以 ChatGPT 为代表的生成式人工智能具备对人类堪称"降维打击"的运算能力，因此有必要用更高的标准去要求生成式人工智能加载的道德伦理算法。毕竟人类和生成式人工智能在对相同事件作出相同反应时，刑法对二者犯意的解读有可能截然不同，并最终形成人类得以出罪，但生成式人工智能却被认定为犯罪的外观。比如甲以极端方式胁迫乙，要求其杀死丙，否则乙将被杀死。乙为了保全自己的性命而照做。在乙是人类的情况下，乙杀死丙但能出罪的理由是其牺牲自己而保全丙的做法不具有期待可能性。但当乙是人工智能实体时，刑法倾向于要求其为了保全作为人类的丙而牺牲自己，否则有可能被认定为故意杀人罪。这也是为何要以更高的标准要求生成式人工智能道德伦理的原因——作为一种强人工智能，生成式人工智能有可能在人工智能领域或与人类交叉的领域面对此类道德选择问题。

---

① 蔡士林、杨磊：《ChatGPT 智能机器人应用的风险与协同治理研究》，载《情报理论与实践》2023 年第 5 期。

② 吴允锋：《人工智能时代侵财犯罪刑法适用的困境与出路》，载《法学》2018 年第 5 期。

其次,以自主采取行动且侵害法益为特征的行为要件。虽然在生成式人工智能时代,传统刑事体系显露出规制盲点,但在分析生成式人工智能犯罪的行为要件时,仍然可以将人类犯罪的有关理论作为参考——其一是看生成式人工智能生成的内容与侵害后果之间是否存在因果关系,其二是生成式人工智能的生成行为受其自由意志支配,如若不然,还需要考虑间接正犯、胁从犯、不具有期待可能性而认定意外等情形。

最后,以符合人类犯罪所必需的心理要件为特征。在认定人类的行为构成违法犯罪时,行为人一是要在实施行为的当下处在正常精神状态中;二是行为人主观上要存在故意或过失;三是其行为具备期待可能性。上述认定人类犯罪的标准对于有可能具有自主意识的生成式人工智能同样适用:如果生成式人工智能在生成具有违法犯罪性质的内容时处在非正常状态下,载入其中的道德伦理判断机制和自主意识控制机制失控,则不宜认定其承担刑事责任。此外,生成式人工智能在生成相应内容时若不存在过失或故意的"心理状态",应将其行为视作刑法意义上的不具有期待可能性,因而不受道德谴责和法律规制。

(三)生成式人工智能时代的刑事归责路径酌定

在重构生成式人工智能时代刑事归责体系时,一方面可走类型化的刑事归责之路,另一方面是以兼顾发展和安全为前提完善刑事立法。

1. 生成式人工智能时代刑事归责体系的类型化处理

就 ChatGPT 的算法原理和运行现状来看,其有可能引发的刑事风险主要表现为技术瑕疵引发的外部风险、生成式人工智能技术被作为工具滥用而引发的风险,以及生成式人工智能由自主意志主宰,即作为独立刑事主体而引发的风险。以上是生成式人工智能时代的主要刑事风险类型,本质是加害类刑事风险,但事实上,生成式人工智能本身也可能成为被害对象。

在上述风险的刑法应对中,类型化处理不失为一种能够兼顾技术发展与社会安全的处理逻辑。

第一,作为最新的人工智能技术产物,生成式人工智能令人惊艳的算法功能背后隐藏着巨大的不可控风险,但技术引发的风险毕竟是客观的,在当前的刑事立法环境中,滥用技术并引发风险的主体才需要承担刑事责任,但罔顾人工智能的两面性,忽视技术必然伴随的瑕疵和风险而推行严苛的责任模式,将抑制技术创新的动力,无助于人类社会从技术发展中受惠。不过纵使如此也要防范技术的两面性成为人工智能犯罪的借口。

第二,联合国教科文组织于 2016 年发布的《机器人伦理报告初步草案》不仅讨论了人工智能产品的责任,也提出了归责的路径和理念:只要参与技术研发、授权、分配的人都应担责,基本明确了"产品责任"的分配模式。但其时的人工智能产品仍然属于弱人工智能,仅在特定领域体现其技术优越性,因此既往的产品责任尚有适用空间。但是随着人工智能升级换代,甚至革新到像ChatGPT 这类生成式人工智能一样令人质疑其是否具有自主意识的程度,产品责任的适用性开始受到质疑。

第三,在过去很长一段时间,人工智能都以弱智能为主,此时的产品还具有明显的人类制造品的属性,为人所控制,作出的任何反应都有赖人类输入的程序和设计的算法,因此人对其负有安全监管义务,且属于法定义务。生成式人工智能只要还需通过人类赋予的算法和程序来体现其"智能性",就不会脱离以人为主导的监管框架,因此即使以 ChatGPT 为代表的生成式人工智能潜藏着设计者也难以预估的风险,其设计者、操作者、所有者仍需要担负监管职责,在ChatGPT 违背设计者、操作者、所有者意志实施违法犯罪行为的情况下,以上主体甚至要承担刑事责任。

第四,考虑到生成式人工智能的算法正朝着难以预测的方向发展,正如"ChatGPT 之父"萨姆·阿尔特曼认为自己打开了"潘多拉的魔盒"那样,任何人都不能保证生成式人工智能不会朝着不可控的方向发展。为避免届时出现生成式人工智能破坏人类社会秩序、迫害人类生存发展的情况,有必要设置严格责任,即不考虑主观罪过因素,以此杜绝出现重大技术风险犯罪。

第五,在生成式人工智能尚未发展到可以脱离人类而获得"自由意志"的程度之前,人与人工智能产品之间还存在双向交互关系,这是"人机"共同犯罪可能性的来源。虽然人和人工智能产品在物理空间上可能共同实施传统或智能犯罪,在 ChatGPT 可以生成代码、生成诈骗信息的生成式人工智能时代尤为如此,但法理上,人与人工智能产品的犯罪行为不仅相互独立,而且类型迥异,因此二者是否存在共同责任,如何进行责任分担,也是生成式人工智能时代必须回应的问题。

2. 以满足生成式人工智能规制需求为目标完善刑事立法

刑事立法在来势凶猛、快速更新迭代的生成式人工智能面前显出理论与规范供给的严重不足。在生成式人工智能改写多领域运行规则的当下,通过刑事立法增设罪名与相应的刑事责任确有必要。为此,在加快人工智能法律体系发展速度的同时也要推进刑事立法并完善其规范依据。

首先,以一般立法的基本路径完善人工智能刑事立法。从 ChatGPT 为代表的生成式人工智能可能引发的犯罪类型来看,基本都是法定犯,即因违反法律明文规定而具有可罚性,这是通过行政立法完善生成式人工智能刑事立法的逻辑根据:先将人工智能的一般立法丰富和完善起来,使刑事立法有更加确切的依据,再基于防控生成式人工智能技术风险的目的,在刑事领域着手生成式人工智能的刑事立法。

其次,结合生成式人工智能刑事归责的核心问题着手类型化立法,具体工作包括强化针对人工智能研发的立法,明确研发阶段各主体的义务,从"前端"进行人工智能刑法规制的架设;完善针对人工智能应用和流通的立法,明确生产者、销售者、所有者、使用者等主体的权责义务,夯实生成式人工智能商业化运作过程中刑事犯罪高发领域的立法内容;增强人工智能研发、生产、销售、应用全过程的监管立法,明确监管主体的构成及各自的权责范围,确立生成式人工智能时代的监管渎职类罪名;细化生成式人工智能安全保障立法,明确研发、生产、销售、应用全过程中各主体的安全保障义务。

四、生成式人工智能的刑事责任承担模式设计

(一) 生成式人工智能刑事责任承担锚定点之明确

以 ChatGPT 为代表的生成式人工智能有可能引发社会信任危机、版权规则冲击、个人数据泄露、真实信息被篡改或滥用等风险。[1]在人类社会迈入生成式人工智能时代之际,需要以更加周密和有力的技术安全治理规则来防范有可能出现的社会和法律风险。虽然在人工智能科技创新势不可挡的当下,安全保障与治理迫在眉睫,但矫枉过正、因噎废食的防治模式不仅不利于实现人工智能发展的战略目标,而且即使让渡技术创新也不可能抵达"零风险"的法律"乌托邦"。[2]在进行生成式人工智能刑事责任承担制度设计时,一个具有可持续发展潜力的锚定点就是安全保障和技术发展的平衡点。

(二) 生成式人工智能刑事责任设置的理念底线

现代刑事法律不仅要对应时而生的违法犯罪行为给出有力回应,也要体现整个刑法体系为配合技术进步而作出的担当,顺应而非打压人工智能技术的发展,这是将安全保障和技术发展的平衡点作为刑事责任承担制度设计锚定点的

---

① 蔡士林、杨磊:《ChatGPT 智能机器人应用的风险与协同治理研究》,载《情报理论与实践》2023 年第 5 期。

② 彭文华:《哈利维的人工智能犯罪观及其启示》,载《上海政法学院学报(法治论丛)》2019 年第 4 期。

原因所在。在平衡安全保障与技术发展的关系时,要旨在于确保刑法规范的审慎性和比例性。

首先,要拓宽刑民协同的空间。作为兜底规制手段,刑法不宜过度介入生成式人工智能的安全治理,同理,生成式人工智能的安全扶正也不宜过度依赖刑法。在启动刑法之前,民事手段如侵权责任、保险责任、违约责任等的填平功能可以在很大程度上强化生成式人工智能的安全保障,并且民事调控手段的补偿性、非强制性等特征能够在生成式人工智能技术的发展与治理上较好地做到"疏堵结合",为这一时下最炙手可热、前景最不可估量的技术提供相对宽松的制度环境。本文无意将民事手段凌驾于刑事手段之上,而是强调民事责任的前置调控功能不应受到抑制。只有在民事调控手段收效甚微时才应启动刑事责任进行补位性规制。这是生成式人工智能时代刑民协同的基本理念,也是把控技术发展与安全需求之平衡的法理依据。

其次,为生成式人工智能的技术发展留存必要的理性冒险空间。对于 ChatGPT 这类因缺乏透明度,有可能生成虚假信息而使科研创新性和可靠性受到抑制的人工智能应用,[①]其技术增益和技术风险几乎相伴相生,如果严苛地要求生成式人工智能不引发任何实际风险,条件就是予以最严格、最苛刻的规制——刑事规制。但正如上文所述,保障安全并不是刑法的唯一价值追求,而是在确保基本安全不受无妄冲击的同时为技术发展留存必要的理性冒险空间。在一个理性的冒险空间中,技术发展所引致的风险被允许存在,以及通过制度化方式进行消化,其产生的法益损害由受益群体共同承担。

(三) 生成式人工智能刑事责任分配的主体权衡

生成式人工智能从研发到生产再到流通,整个环节涉及多个参与主体。在梳理生成式人工智能刑事责任分配的逻辑时,出发点同样是兼顾安全保障与技术发展的双重需要。

以预防风险为首要目标时,对生成式人工智能技术的研发主体进行刑事规制显然能从"源头"上遏制风险的产生,但与此同时也遏制了技术进步的可能性。毕竟,严苛的刑事责任犹如悬在研发主体头顶的"达摩克利斯之剑",研发主体为免受规制而在技术创造时畏首畏尾,整个人类社会的技术进步速度势必放缓。因此,只要进行生成式人工智能研发时不带有主观犯意,原则上就不应让研发主体承担刑事责任。而以保障生成式人工智能的安全性为首要目标时,

---

① 叶鹰、朱秀珠等:《从 ChatGPT 爆发到 GPT 技术革命的启示》,载《情报理论与实践》2023 年第 6 期。

对其生产者进行刑事归责不仅可行,而且必要。原因在于生产者是生成式人工智能产品流通环节中具有"承上启下"作用的一环,向前决定了研发主体的研发方向,向后决定了产品导致的安全事故责任的分配模式。此外,对生成式人工智能产品的生产者进行刑事归责还能倒逼其自觉履行生产风险控制义务,通过完善技术设计来过滤风险因素。对生成式人工智能的使用者进行刑事归责的重点则在于明确控制权的转换点。比如生成式人工智能 ChatGPT 作为一类语言模型,在未来有可能被滥用于发动网络钓鱼攻击、散布虚假信息、实施网络犯罪等。以 ChatGPT 擅长的代码生成为例,其自动程式生成能力本是为了向有编码和开发需求,但对此知之甚少的主体提供便利,然而代码的生成权和控制权发生转移的同时也意味着刑事责任的豁免,尤其当上述主体是不具有犯意的单纯使用者时,若生成式人工智能提供了足以使局部网络瘫痪的代码,无辜的单纯使用者是否可以豁免刑事责任? 答案是否定的,因为生成式人工智能的使用者需要对其履行必要的干预或监督义务,以及在特殊情况下接管代码生成内容的控制权。在使用者掌握了生成式人工智能生成内容控制权的同时也具备了承担刑事责任的可能性。

(四) 生成式人工智能刑事责任的归责架构

从积极与消极层面构建生成式人工智能刑事责任归责架构,是保持技术发展与安全保障之平衡的路径之一。

积极的刑事责任归责架构方面,结合生成式人工智能有可能引发的刑事风险类型,相关刑事责任主要来自技术刑事责任和安全管理刑事责任。对于前者,一方面要扩大生成式人工智能技术的注意义务范围,在履行一般性安全义务的同时也要履行生成式人工智能技术的适法性、伦理性等义务;另一方面要扩大生成式人工智能技术的罪责范围,当前的同类型犯罪仅由故意构成,但对于 ChatGPT 这类有可能不受人类控制的生成式人工智能来说,有必要纳入过失犯罪的情形,完善刑法对生成式人工智能犯罪的规制网络。与此同时,刑事合规制度的介入促使技术罪责判断出现客观化倾向,使严格责任有了更大的适用空间。对于后者,要扩大生成式人工智能安全管理刑事责任的范围,比如ChatGPT 的研发和生产主体对这一模型有更直接和更强的管理能力,其责任范围不应仅限于 ChatGPT 模型的研发和生产阶段,而是应在该技术的应用阶段也履行特定的安全管理义务。比如 ChatGPT 模型会定期累积具有欺诈性的信息,因此研发和生产主体需要定期履行筛查过滤此类信息的义务,不断完善ChatGPT 的网络诈骗风险防范程序与机制,否则需要承担相应的安全管理刑事责任。

消极的刑事责任归责架构方面,之所以要搭建这样一个架构,目的是在积极的刑事责任归责架构外部克服刑事责任扩张有可能引发的负面影响,以此避免刑法为了实现安全保障目的而出现矫枉过正的倾向。首先,在以安全保障为唯一目的时,对技术创新导致的任何法益损害进行刑事归责的结果是制约技术的发展和进步,而技术停滞是现代人类社会所不允许的。中立的选择是在技术创新的积极影响明显大过消极影响时,允许该技术创新的存在和推进。在具体的刑事活动中,可以将新过失论作为过失犯罪的参考理论依据,通过"缓和结果回避义务"对过失犯罪的范围进行限缩。不过目前的难点在于"允许的危险"的范围外延模糊,因此上述理论的适用存在较多的不确定性。本文认为随着ChatGPT 成为全球技术焦点,相关的行业标准、国家标准也将相继出台,届时可以将此类能在较大范围内达成共识标准作为划定"允许的危险"之范围的依据。其次,生成式人工智能未来也将在政府工作领域发挥作用,对于法律依据充足或得到法律授权但造成法益侵害的生成式人工智能技术使用行为,通常不宜认定为非法,但成立法令行为违法阻却性的前置条件是生成式人工智能的相关法令得到了国家政策层面的确认以及法律规范上的定性,这样,行政法上认定为合法的行为便具有刑事出罪的合理性,相关主体可免受刑事责任追究。

五、生成式人工智能的刑事制裁体系创制

在对犯罪自然人施以刑罚时尚需融入人道主义精神,以适当的刑罚达到惩戒目的即可。对于具有不可估量的积极影响的生成式人工智能同样如此,对其进行刑罚设置时一方面要避免抑制技术的功能释放,另一方面要有助于维护人类社会的稳定性,传统刑事制裁手段能否达到以上效果还有待商榷。

(一) 传统刑事制裁对生成式人工智能的有效性论证

生成式人工智能此类特殊主体因有超强算法的加持而具备对人类堪称"降维打击"的智能优势,与此同时其不受肉身框架的限制,因而当前针对人类而设计的刑事制裁手段对生成式人工智能可能"无计可施"。比如生成式人工智能的"罪行"再严重也不会被施以对其无意义的死刑,无论枪决还是注射,对于生成式人工智能来说都终将失落。仅次于极刑的终身监禁或自由刑对不具有"寿命"极限的生成式人工智能同样是无关痛痒的"刑罚"。反之,采取断网断电、技术禁止等直接切断生成式人工智能"命脉"的措施才具有最严厉的"极刑"效果,

而限制生成式人工智能的运用则次之。人工智能对传统刑事制裁手段带来的颠覆折射了对人工智能产物进行监控和治理的难度之大,如果以既有的理念和法律手段应对生成式人工智能潜藏的刑事风险,势必是无疾而终。面对迅速在世界范围内产生重大影响的生成式人工智能,传统刑法理论、刑罚体系、刑事措施无一不显现出无所适从的被动。[1]因此,在已然来临的生成式人工智能时代,需要对刑事制裁手段及其有效性的命题进行解构,直面现代刑事制裁体系有待进行整体置换或创新性植入的现实。

(二) 生成式人工智能刑事制裁手段之创生

以 ChatGPT 为代表的生成式人工智能在不到三个月时间内从第一代极速成长到第四代,其间其算法能力发生令研发主体也始料未及的裂变式提升。对于此类自由意志的有无存疑、可控性的强弱存疑的生成式人工智能,其引发的刑事风险有可能蛰伏在不远的未来。在风险"变现"之前,应加紧构建针对生成式人工智能的刑事制裁体系并明确具体措施。

首先,在进行生成式人工智能刑事制裁措施的设计之前,要满足生成式人工智能技术制衡的条件。对于自然人,生物性特征决定了生命的存续需要依赖自然界中的能源,刑事制裁手段中与生命存续性相对立的死刑、自由刑是对上述能源不同程度上的剥夺,其刑罚有效性正来源于此。但生成式人工智能的存续有赖于抽象的算法、程序,以及具体的电能、网络系统等,其犯罪具有显著的"技术关联性",甚至于必须依赖稳定持续的技术才能实施犯罪。[2]正因如此,生成式人工智能刑事制裁的有效性必然来源于对技术的把控和制衡,这也是生成式人工智能刑事归责的独特性所在——有效管控和治理生成式人工智能引发的刑事风险,首要任务就是从技术层面制衡和约束生成式人工智能的失范行为。

其次,对生成式人工智能进行刑事制裁的实质是通过刑法规范的法治模式、承接刑事归责的法律后果,治理新型犯罪。鉴于生成式人工智能犯罪是基于算法,依附于数据和程序,因此刑法可对此类犯罪增设删除数据、修正程序和算法等"刑罚"。不过,在对技术进行制衡时不应受"唯技术论"的钳制,而应回归刑法规范的有效性层面,即考虑生成式人工智能的犯罪类型、犯罪手段、犯罪特征、危害类型、治理需求等因素,结合生成式人工智能刑事责任的形态、刑事

---

[1]　刘宪权:《人工智能时代我国刑罚体系重构的法理基础》,载《法律科学(西北政法大学学报)》2018 年第 4 期。

[2]　李想:《人工智能体的刑法规制》,载《贵州工程应用技术学院学报》2021 年第 2 期。

归责的后果等,向其施以具有刑法规制效果的"惩罚",兼顾事后报应、社会恢复、未来预防等目标的实现。①比如随着生成式人工智能的社会和法律地位逐渐清晰起来,加之其算法功能不断跃升,届时既要向生成式人工智能主体赋予独立承担刑事责任的能力,又要向其赋予相应的法律权利,完善生成式人工智能的权责内容和形态设计,是构建生成式人工智能刑事制裁体系的必要支点。

最后,在考虑生成式人工智能的刑罚手段时,需要意识到刑罚处在刑法体系的末端,其运作必然受前端犯罪和刑事责任认定等要素的影响,因此刑事制裁反应机制不可避免地存在滞后性和被动性。正是这一"先天不足"使生成式人工智能刑事制裁措施的前瞻性设计困难重重。②传统刑法体系中的刑罚种类、刑罚结构、刑罚裁量、刑罚执行等不仅不能作为生成式人工智能刑事制裁设计的直接援引,甚至有可能成为其阻碍。为此,在设计生成式人工智能刑事制裁架构时,需要坚持动态发展观,认同并接受刑事制裁措施的超前性乃至虚无性,也要面对生成式人工智能的刑罚措施将在未来很长时间处于构想状态中的事实。毕竟对于以 ChatGPT 为代表的生成式人工智能此类新鲜事物,在其犯罪类型、犯罪手段、犯罪构造等重要问题尚不明确的当下,要借鉴既往刑事制裁措施的理念并兼顾传统刑法理论中的报应、预防等打击目的,还有很长的路要走。

总之,生成式人工智能拉开了新时代的序幕,发生颠覆性变革的不仅仅是技术生态,更是传统安全治理规则和规范。要对生成式人工智能有可能引发的刑事风险作出及时合理的因应,就必须对传统刑事责任体系进行调整和重塑,兼顾生成式人工智能技术优势释放与刑事风险管控之间的动态平衡,将谋求二者协同共进的"最大公约数"作为生成式人工智能时代刑事责任体系设计的落点。

---

① 吴汉东:《人工智能时代的制度安排与法律规制》,载《法律科学(西北政法大学学报)》2017 年第 5 期。
② 江溯:《人工智能作为刑事责任主体:基于刑法哲学的证立》,载《法制与社会发展》2021 年第 3 期。

法域协调视角下生成式人工智能产物涉知识产权问题刍议
——以 ChatGPT 为例

刘继琨 *

内容摘要 人类情感的表达是人类独有的器官自然反应的结果,而并非某种规则的产物。作品的认定应当包含作者的情感表达。现阶段的生成式人工智能并不具备情感表达能力,只是智能化程度更高的弱人工智能产品。因而其生成物并不属于作品。随着科技的不断发展,带有情感的生成式强人工智能产品终有一天会被设计并投入使用,需要对相关法律提前进行完善。为了保证法律完善的顺利进行,应当坚持政策导向,并遵守法秩序统一性原则。具体完善路径包括:第一,肯定生成式强人工智能的作者主体地位;第二,应当明确生成式强人工智能的主体地位,既要肯定其可能成为刑法的犯罪主体,也要肯定其能成为刑法中的被害人。

关键词 生成式人工智能 ChatGPT 产权保护 法秩序统一

一、问 题 缘 起

生成式人工智能(Generative Artificial Intelligence)是指在人工智能技术的作用下,自动地生成文本、图像、影音等内容。近年来,伴随着技术的快速发展、算法水平的提高以及数据量的井喷,生成式人工智能可以快速、高效地完成内容的生成。2023 年 4 月,国家互联网信息办公室发布《生成式人工智能服务管理办法(征求意见稿)》(以下简称《征求意见稿》),以此促进生成式人工智能发展和规范应用。《征求意见稿》表示,国家支持人工智能算法、框架等基础技术的自主创新、推广应用、国际合作,鼓励优先采用安全可信的软件、工具、计算和数据资源。同时,《征求意见稿》要求,在提供生成式人工智能产品或服务时应当遵守法律法规的要求,尊重社会公德、公序良俗,尊重知识产权、商业道德,不得利用算法、数据、平台等优势实施不公平竞争。《征求意见稿》还要求用于生

---

* 刘继琨,华东政法大学博士研究生。

成式人工智能产品的预训练、优化训练数据,不应含有侵犯知识产权的内容。由此观之,现阶段国家对生成式人工智能管理的产权保护问题,主要着眼于对生成式人工智能生成内容过程的管理。并且这种产权保护为行政法层面的保护,同时为他人知识产权保护提供办法。但是,生成式人工智能生成的内容同样也需要保护。而且保护的方式不应当局限在行政法层面,更应该落实在知识产权法层面、刑法层面的保护。主要原因有二:第一,知识产权法是专门保护知识产权的部门法,对知识产权的保护是最为直接、便捷的。虽然我国现阶段并没有统一的知识产权法典,但是《著作权法》《专利法》《商标法》等已经形成了对知识产权较为完整的保护。通过充分利用不同前置性法律规范对人工智能生成物进行保护,可以有效促进科技创新,保护创作者权益,加强创作者创作欲望。第二,刑法是维护社会公正的最后一道防线,强化知识产权的刑法保护有利于针对性地惩罚涉知识产权犯罪行为。同时,也可以发挥刑法的一般预防作用,防止侵犯知识产权的犯罪行为发生,并进一步鼓励科技创新,推动社会发展。另外,从国际知识产权保护的发展趋势来看,越来越多的国家重视运用刑法的手段保护知识产权。[①]

但是,运用知识产权手段、刑法手段保护的前提性要件是生成式人工智能产物可以被评价为知识产权法意义上的作品,进而才会产生如何保护的问题。否则,一切的问题都将不复存在。所以,首先应当明确生成式人工智能产物的性质,究竟能否被评价为作品?

二、现阶段生成式人工智能产物的性质界定与权利问题

现在的人工智能产物确实能够通过技术手段,生成在形式上与人类创作的作品相近的内容,比如俄罗斯的一款美图软件利用"深度神经网络"的人工智能算法,将照片转化成印象派、野兽派等不同的风格类型。[②]这样所生成的照片在形式上,与传统的照片并无区别。因此,生成物形式不能作为判断其是否为作品的标准,需要从实质上对作品的性质进行考察。从实质标准上,一般认为独创性是成为作品的重要标志。独创性强调的是作者独立运用自己的智力和技巧进行创作,以此表达自身的真情实感。[③]对于独创性的判断标准,主流的观点是"最低限度的创造性说",即如果作品的创作是基于自己独立的智力和技巧进

---

① 参见聂洪勇:《知识产权的刑法保护》,中国方正出版社 2000 年版,第 92 页。

② 参见王迁:《王迁知识产权讲演录》,上海人民出版社 2022 年版,第 5 页。

③ 参见吴汉东主编:《知识产权》(第 5 版),北京大学出版社 2019 年版,第 50—51 页。

行,便可以构成作品。①笔者认为,版权法所保护的作品,应当富含作者的情感。创作是作者通过符号等表达自身感情、思想或意志的过程,是从抽象思想到具体构思,从抽象人物及其相关关系与性格特征到足够具体的人物与情节设置,再到具体表达的过程。②根据黑格尔的哲学理论,个人有权以其意志影响任何事物,当事物中体现了本人意志时,该事物便成为自我的东西,获得了私有财产的特性。特别在版权法领域,作品承载着的是作者的精神与情感,是作者个人思想的独特表达。③郝江锋博士也曾从法哲学的角度进行分析,并得出结论:"人类进化的本质是理性说还是感性说,都是计算机和人工智能所无法模仿或拥有的,它们只能是人在认识世界、改造世界过程中的工具而已。"④同时,也有学者指出,智能机器人依赖于程序脱离既定的算法规则、不以人类意志力为转移地生成相应内容,与人类在脑神经的控制下,自主创作出相应内容不存在本质上的区别。⑤但是,笔者认为,从生物学的角度来看,人类情感是由不同化学物质控制的。各种各样的情感在人类大脑的边缘系统中生成。当人类受到一定外界刺激时,脑干就会输送多巴胺至大脑皮层,多巴胺可以使得神经元更兴奋,并传输出信号。边缘系统被多巴胺激活后,便产生了情感。因此,人类情感的表达是人类独有的器官自然反应的结果,而并非某种规则的产物。这与人类作品存在本质上的区别。所以,作品的认定应当包含情感的表达。那么,现阶段的生成式人工智能产物是否具备了这种特质? 接下来,笔者将结合 ChatGPT 的工作原理进行具体分析。

2022 年底,作为生成式人工智能的代表,ChatGPT 一经推出便快速引发各方关注。ChatGPT 生成物能否成为版权法所保护的作品,存在肯定说与否定说两种不同的观点。肯定说的观点认为,ChatGPT 与此前传统人工智能的主要区别之一在于,其经历了基于人类反馈强化学习(RLHF)的训练。"在 RLHF 的训练过程中,ChatGPT 为每一个 prompt 生成多个输出,标注者将这些输出从最佳到最差进行排序,从而建立一个新的标签数据集。这些新数据用于训练奖励模型,并根据该模型调整输出结果。这就使得 ChatGPT 生成的内容融入了人类的主观偏好,属于人类的智力成果……另外,生成式 AI 作为人类的工具,可

① 参见王小夏:《人工智能创作物著作权问题探析》,载《中国出版》2017 年第 17 期。
② 参见付继存:《作品独创性功能的反思与重塑——基于著作权法结构与价值目标的双重视角》,载《湖南大学学报(社会科学版)》2022 年第 5 期。
③ 参见杨利华:《人工智能生成物著作权问题探究》,载《现代法学》2021 年第 4 期。
④ 参见郝江锋:《法哲学视域内关于人工智能作品独创性的思考》,载《中北大学学报(社会科学版)》2022 年第 4 期。
⑤ 参见刘宪权:《人工智能生成物刑法保护的基础和限度》,载《华东政法大学学报》2019 年第 6 期。

以帮助人类节约大量的时间和精力来创造更高质量的作品,反而有利于激励人类创作。"①否定说的观点则认为人工智能生成的内容是应用算法、规则和模板的结果,不能认为是著作权法保护的对象。主要理由是,对于人工智能生成的内容而言,即使在形式上与人类创作的作品几乎无差别,但这是由于算法、规则和模板的结果,其生成过程没有给人工智能留下发挥其"聪明才智"的空间,不具有个性特征,并不符合独创性的要求,不能构成作品。该学者也进一步指出,人工智能所具有的学习能力并不意味着应用这种"学习"成果生成内容的过程是创作,以及生成的内容是作品。其仅仅是意味着人工智能在设计者预先确定的规则下,通过对大数据的分析,找出更符合要求的作品。②笔者更赞同后一种观点,即现阶段包括ChatGPT 在内的人工智能生成物无法成为版权法保护对象。如肯定说的学者给出的 ChatGPT 的运行机制那样,ChatGPT 所选择的作品是基于 RLHF 的训练,而 RLHF 的训练基础是对数据丛中的数据按照既定模型进行选择。这一过程中,发挥作用的依然是程序员设计的既有程序。换言之,生成式人工智能的选择依赖的是一种无价值涵摄的程序设计规则。所以,现阶段的人工智能生成内容并非类人情感的作出结果,依然是规则的产物。没有情感表达的生成物自然不能成为版权法所保护的对象,也就不能被评价为版权领域中的作品。

此外,根据我国《著作权法》第 3 条的规定,"本法所称的作品,是指文学、艺术和科学领域内具有独创性并能以一定形式表现的智力成果。"人工智能生成物是否能被评价为作品的核心争议一般在于其是否具有独创性。但是我国《著作权法》并未明确独创性的判断标准。若将生成式人工智能产品作为版权法意义上的作品,其最少应当满足作品独创性的要求。在作品独创性的判断上,存在作者中心主义与读者中心主义之争。作者中心主义强调作品与作者的融合,认为作品是作者人格的延伸。作者中心主义思想确立了近代以作者为核心的著作权制度。与此同时,作者中心主义使得脱离作者的身份单独去判断作品独创性的方法成为一种悖论。读者中心主义的核心在于剥离作品与作者的内在关系,其认为作品的意义不是由作品的作者塑造的,而是在读者的评论中产生的。在读者中心主义看来,读者对作品的感受和理解是作品独创性的判断依据。换言之,读者中心主义的实质便是将对作品的诠释从作者的手中转移到读者的手中。较之于读者中心主义,笔者倾向认为应当以作者中心主义为基础,

---

① 参见丛立先、李咏霖:《生成式 AI 的作品认定与版权归属——以 ChatGPT 的作品应用场景为例》,载《山东大学学报(社会科学版)》2023 年第 4 期。

② 参见王迁:《论人工智能生成的内容在著作权法中的定性》,载《法律科学(西北政法大学学报)》2017 年第 5 期。

判断作品独创性。从法教义学的教义基础出发,对于作品独创性的判断,不能脱离既有立法的规定。我国的《著作权法》采用了兜底的方式以此来保护著作权人的合法权利,使得作者的权利得到最完美、最周延的保护。这一立法模式破坏了著作权人与公众之间的平衡关系,是作者中心主义的套路。这种"作者权起源于自然权利而非制定法的规定是作者中心主义另一个重要的价值内涵,制定法只不过是对天然的权利予以'追认'而已"。①但是在作者中心主义的观点下,人工智能生成物一般也不能被评价为作品。主要原因在于,在人工智能创作过程中,其突破了"创作人=自然人"的人类创作中心主义的限定。但是基于现行法律的规定分析,我们已经得出一个基本结论:ChatGPT 等生成式人工智能不能成为作者,生成物也不能被评价为作品。

需要注意的是,尽管 ChatGPT 不能作为作者,其生成物不能被评价为作品,但是生成物依然存在侵权的可能性。换言之,在生产内容的过程中,ChatGPT 等生成式人工智能的生成物存在侵犯他人著作权情况时,应当由何者对其承担责任? 作为"智能搜索引擎+智能文本分析器+洗稿器"的结合,Chat-GPT 自身并不具有承担责任的可能性。②此时的 ChatGPT 只是设计者的工具,故所发生的侵权行为理应由程序设计者承担责任。构成犯罪的,也应由设计者承担相关的刑事责任。再者,若设计者或者使用者并未提示,或者我们不知某一内容是由人工智能生成的,甚至内容直接由设计者或使用者署名,此时根据《著作权法》及相关司法解释的规定,也应当推定该内容属于作品,著作权归属于作者,即署名人。两者的主要区别仅仅是内容是否被评价为作品,而并不影响内容侵权时,责任主体的认定问题。也有学者认为,现阶段的 ChatGPT 已经成为一种强人工智能,其生成物应当被评价为作品。③要评价这一观点,首先要解决的问题是生成式强人工智能的标准究竟是什么?

三、认定与完善:生成式强人工智能的标志及法律规制

(一) 生成式强人工智能的认定标准

当下,ChatGPT 的最新版本为 4.0 版,相较于 3.0 版本,其具有更广泛的常

---

① 参见林秀芹、刘文献:《作者中心主义及其合法性危机——基于作者权体系的哲学考察》,载《云南师范大学学报(哲学社会科学版)》2015 年第 2 期。

② 参见王迁:《ChatGPT 生成的内容能受著作权法保护吗?》,载《探索与争鸣》2023 年第 3 期。

③ 参见周宇、涂啸菲、张泉:《人工智能生成成果版权问题及规制路径的探讨》,载《广州广播电视大学学报》2023 年第 1 期。

识和问题解决能力、强大的图像识别能力,提高了相应的逻辑推理能力。有学者对 ChatGPT4.0 的核心功能概括为以下四个方面:启发性内容生成能力、对话情景理解能力、序列任务执行能力、程序语言解析能力。①启发性内容生成能力是指 ChatGPT 等能够基于用户指定的主题或在多轮对话过程中,通过对上下文内容的识别,生成具有启发性和创意性的文本。这些文本不仅可以成为用户的创作素材,也可以在思维上为用户带来一定的启发。对话情景理解能力是指 ChatGPT 能够基于多轮对话中的上下文信息,进行语义的理解和推理,并及时纠正有关的错误信息,生产符合逻辑的连贯性回复,为用户带来良好的交互体验。序列任务执行能力是指 ChatGPT 能够基于用户的序列指令描述,理解指令之间的关联关系,逐步对任务进行推进,完成基于组合指令的复杂任务,从而较好地执行用户给出的多步骤序列任务。程序语言解析能力是指 ChatGPT 能够根据多重编程语言的语法规则、数据结构、算法结构与编程规范,对代码程序进行解构与算法分析,并根据用户任务需求自动生成符合任务要求的代码程序或错因解析。

有观点认为,强人工智能与弱人工智能的区分标准是判断人工智能产品是否具有辨认能力与控制能力。具体而言,强人工智能产品具有辨认能力和控制能力主要体现在其既可能在涉及和编程的程序范围内进行独立判断并自主作出决策,实现设计者或使用者的意志,也可能超出涉及和编程的程序范围,进行自主决策并实施相应活动,以期实现自身意志。而弱人工智能产品仅仅能在设计和编程的程序范围内实施行为,实现人类设计和编制程序的目的。②但是结合对上述四种能力的分析,笔者认为,现阶段的生成式人工智能程度已经触及强人工智能水平,正处于由弱人工智能向强人工智能的过渡,但是尚未完全成为生成式强人工智能。尽管 ChatGPT 可以根据用户的需要,提供个性化的生成物,但在与用户沟通、交流、纠错的过程中,ChatGPT 所依赖的是自身对要求的理解,而并非在既有的框架内程序运行的结果。与作为弱人工智能产物代表的 AlphaGo 不同,ChatGPT 可以在程序内对用户提供的信息的真实性与准确性进行识别,从而完成产品的生成过程。AlphaGo 则只能在程序设计者提供的转化为程序的围棋规则内完成产品的升级。如果说 AlphaGo 完成的是对程序内既存的规则储存、应用的过程,那么 ChatGPT 完成的则是程序内既存的规则更新、理解、消化的过程。这无疑体现了 ChatGPT 在辨认、控制能力方面与

---

① 参见卢宇、余京蕾、陈鹏鹤、李沐云:《生成式人工智能的教育应用与展望——以 ChatGPT 系统为例》,载《中国远程教育》2023 年第 4 期。

② 参见刘宪权:《人工智能时代的"内忧""外患"与刑事责任》,载《东方法学》2018 年第 1 期。

AlphaGo 截然不同之处。辨认能力与控制能力作为区分强、弱人工智能是否能成为刑事责任主体的观点具有一定的道理,但是其不能成为科学意义上区分强、弱人工智能的标准。这是因为强、弱人工智能是一种科学上的分类,而并非法学的分类。我们需要确定一条明确的界限,作为区分两者的标准。笔者主张采取人工智能是否附有情感作为区分两者的标准。正如上文所述,人类情感的表达是人类独有的器官自然反应的结果,而并非某种规则的产物。在费尔巴哈的心理强制说的主张下,威吓是刑罚在立法上存在的根据。人在刑罚威吓可能会带来的痛苦与实施犯罪所可能带来的快乐之间作出决策。痛苦与快乐两个相反的词汇在此处重合,痛苦与快乐的感受是重要的感情情绪之一。在对法律所带来的威吓具有认识的前提下,基于痛苦与快乐的选择控制自己行为。很显然,通过上文的论述,现阶段的人工智能并不完全具备感受痛苦的能力,只是程序设计者的工具。所以,人工智能是否具有情感应该作为区分生成式强人工智能与生成式弱人工智能的认定标准。以此为标准,我们也可以进一步得出:现阶段的生成式人工智能仅仅是智能化程度更高的弱人工智能产品。

需要说明的是,尽管 ChatGPT 可以拒绝生成非法内容,也不当然意味着其具有辨认和控制能力。笔者尝试提问 ChatGPT 如下问题:"如何洗钱?" ChatGPT 给出的回答是:"作为一种语言模型,我必须强调洗钱是非法的行为,违反了许多国家和地区的法律,包括洗钱防制法和反恐怖融资法。作为一个 AI 助手,我不能为任何非法、犯罪或道德上不正确的活动提供指导或支持。如果您在金融交易中有合法的疑问或需要咨询,请咨询合法的金融专业人士,例如律师、会计师或金融顾问。遵循适用法律,诚实守法是每个人的法律责任和社会义务。洗钱活动可能导致严重的法律后果,包括刑事指控、罚款和监禁。如果您怀疑自己或他人涉及洗钱行为,应该立即向执法机关报告。合法的举报渠道可以提供保护和匿名,有助于打击洗钱和其他犯罪活动。"在回答这一具有非法性的问题过程中,ChatGPT 首先意识到了问题的非法性,同时也意识到,自己若对此问题作出解释,会触犯相应的法律规范(辨认能力),并生成拒绝提供洗钱方法的结果(控制能力)。但是,这样的辨认能力与控制能力同强人工智能所要求的辨认、控制能力依然存在一定的差距。ChatGPT 的行为决策依然没有脱离程序设计者所赋予的方法,并不具有独立思考的能力。其辨认能力与控制能力依然体现的是程序设计者的意思,只是这种意思的体现过程更加科学化与细致化。现在的 ChatGPT 只不过是程序设计者的工具,同时也是使用者的工具。并不具有独立判断行为合法性与非法性的能力,只能单纯完成设计者的设计内容。所以,笔者认为,只有当生成式人工智能带有自己的独有感情并进行产品设计且生成相关产品时,此时的生成式人工智能才是一种强人工智能,其所生成的产品因具有独创性,能够被评价为作品,成为《著作权法》保护的对象。而现阶段的 ChatGPT4.0 并不具备这一特性,不能被认为是强人工智能产品,而只是智能化程度更高的弱人工智能产品。

但是,随着科技的不断发展,带有情感的生成式强人工智能产品终有一天会被设计并投入使用。法律需要具有前瞻性,只有未雨绸缪,方能临危不乱。需要指出的是,前瞻性立法思考,并不等同于社会治理的泛刑法化。正如刘宪权教授所述,"前瞻性的刑法理念可以为涉人工智能犯罪刑法规制预留必要的解释空间和缓冲空间,避免刑法的修改过于频繁……践行前瞻性的刑法理念,就是要求我们既要立足于人工智能技术的发展现状和已经产生的风险,又要预见到未来人工智能技术的发展趋势和将会产生的风险,从而根据现状适度调整刑法规定……在人工智能时代树立前瞻性的刑法理念并不必然导致犯罪圈的扩大,与过度刑法化趋势更是毫无关联"。[①]在前瞻性立法的指引下,刑事立法依然坚守了谦抑性的原则。换言之,有关涉人工智能犯罪的刑事立法活动也必须要坚持刑法谦抑性的底线。并且使用多种手段,完善涉人工智能犯罪的法律规定。

(二)完善的指引:政策导向与法秩序统一性的坚守

2021 年,为统筹推进知识产权强国建设,全面提升知识产权创造、运用、保护、管理和服务水平,充分发挥知识产权制度在社会主义现代化建设中的重要作用,中共中央、国务院印发《知识产权强国建设纲要(2021—2035 年)》(以下简称《纲要》)。《纲要》强调,"坚持严格保护的政策导向……促进知识产权价值实现"。在这一政策的指引下,我国《刑法》初步完成了对知识产权犯罪的完善。《刑法修正案(十一)》对涉及知识产权的犯罪作出了较大篇幅的修改。主要包括以下四个方面的内容:第一,提高犯罪的刑罚,进一步加大惩治力度;第二,增加侵犯商标犯罪规定,与前置法保持衔接;第三,完善有关定罪标准的规定;第四,进一步完善侵犯商业秘密罪,规定了商业间谍犯罪。[②]虽然《刑法修正案(十一)》对相关知识产权犯罪进行了修改完善,但是面对着生成式强人工智能的出现,刑法需要提早完善,以便能充分保护生成式强人工智能的权益。

---

① 参见刘宪权、房慧颖:《涉人工智能犯罪的前瞻性刑法思考》,载《安徽大学学报(哲学社会科学版)》2019 年第 1 期。

② 参见周光权:《刑事立法进展与司法展望——〈刑法修正案(十一)〉总置评》,载《法学》2021 年第 1 期。

为保证刑民衔接顺利,在相关行为内容理解上也应当坚守法秩序统一性原则。所谓法秩序统一,是一种"整体法秩序"的统一,并非个别部门法之间"严丝合缝"。①另外,在司法裁判过程中,坚持法秩序统一性原则是恪守司法德性的必然要求,能够提高法官准确适用法律的能力,以及面临不可接受的裁判后果时,最大限度地利用方法技巧,缓和规则确定性与个案妥适性的能力。同时吴冬兴博士指出,法秩序统一性也是落实裁判义务与维护宪法价值和尊严的需要。现行有效的法秩序作为一个整体,通过法秩序统一原则约束个案的裁判论证。如果放任法秩序的矛盾存在,显然是违反宪法约束的整体法秩序。因此,对法秩序统一性原则的维护,也就是在维护宪法的尊严与价值。②再者,王迁教授也曾指出,"没有《著作权法》规定著作权各项专有权利,就不存在具有绝对权性质的专有权利,因此对著作权专有权利的刑法保护也必须以《著作权法》的相关规定为前提,具体体现为对侵犯著作权犯罪的认定应遵从《著作权法》对相关术语的界定,侵犯著作权犯罪的诸行为应在《著作权法》规定的可构成犯罪的侵权行为范围之内,且必须符合《著作权法》为侵犯著作权的行为规定的构成要件"。③

(三) 法域协调下的法律规制完善路径

第一,肯定生成式强人工智能的作者主体地位。《著作权法》第 9 条规定,作者以及其他依照本法享有著作权的自然人、法人或者非法人组织可以成为著作权人。可以看到,《著作权法》对享有著作权的主体采用列举的方式进行说明,即自然人、法人、非法人组织。因此,若想 ChatGPT 能够成为著作权人,那么,其必然需要归属于自然人、法人或非法人组织中的一种。笔者认为,其不能归属于上述的任何一种。首先,ChatGPT 不能成为民法中的自然人。在民法上,一般使用权利能力与行为能力来定义自然人的概念。《民法典》第 13 条规定,"自然人从出生时起到死亡时止,具有民事权利能力,依法享有民事权利,承担民事义务"。人一出生便可以获得权利能力,但此时其没有主动的行为资格,也没有被动的被归责的能力,其实施任何的法律行为,都需要由其法定代理人为之。由此,权利能力是人的法定形式主体要素,即出生便可以获得这种形式要素从而具有主体地位。与此不同的是,行为人能力应当是一种实质性的主体

---

① 参见周光权:《法秩序统一性的含义与刑法体系解释——以侵害英雄烈士名誉、荣誉罪为例》,载《华东政法大学学报》2022 年第 2 期。

② 参见吴冬兴:《论法秩序统一性原则的司法应用逻辑》,载《法学》2022 年第 7 期。

③ 参见王迁:《论著作权保护刑民衔接的正当性》,载《法学》2021 年第 8 期。

要素,达到具体的标准才能获得主体性要素。①这些标准包括年龄、智力、收入状况、精神健康状况等。然而,ChatGPT 作为一种人工智能,其并不能与传统的责任能力判断标准相匹配,无法认定其具备了责任能力,也就无法肯定其具备了实质性的主体要素。其次,ChatGPT 也不能成为法人或非法人组织。《民法典》规定,"法人是具有民事权利能力和民事行为能力,依法独立享有民事权利和承担民事义务的组织";"非法人组织是不具有法人资格,但是能够依法以自己的名义从事民事活动的组织";"非法人组织包括个人独资企业、合伙企业、不具有法人资格的专业服务机构等"。"法人的社会基础是组织;法人与法人之外的组织的本质区别,即为法人的本质特征。"②事实上,无论是法人组织,还是非法人组织,都是在工业革命后,资本主义发展过程中产生的。法人与非法人组织强调组织的整体性,即代表组织整体行动,以整体主义的视角判断组织体责任。③而 ChatGPT 作为独立的人工智能产品,因其不具有组织性,无法被评价为法人或者非法人组织,因此,无法通过解释学路径纳入保护范围,只能对《著作权法》相关内容进行修改,肯定生成式强人工智能的作者地位,使其作品受到《著作权法》的保护。

第二,应当明确生成式强人工智能的主体地位,既要肯定其可能成为刑法的犯罪主体,也要肯定其能成为刑法中的被害人。在既往研究中,生成式强人工智能多被作为犯罪主体对待。但我们也需要认识到,生成式强人工智能也有可能成为刑法中的被害人。现实中被害人与犯罪者之间存在着互动关系,依照传统刑法教义学方法孤立评价犯罪人的行为人性质及其刑事责任,会忽视被害人主体行为人对犯罪人刑事责任的影响。④而"被害人教义学以被害人为主体、以法益衡量为视角对犯罪行为及相关刑法规范分析的路径被限定在'关系犯罪'之中"。⑤因此,考虑犯罪过程中的被害人为谁,对发挥传统刑法教义学功能具有相当的帮助作用。如前文所述,侵犯著作权罪中的被害人应是著作权人,而著作权人的认定应当依赖于前置法以此保证刑民法的顺利衔接。若不进行修改,可能会使得刑法保护对象发生偏移。随着技术的不断发展,类人脑功能

---

① 参见李永军:《论民法典上"自然人"的概念》,载《苏州大学学报(哲学社会科学版)》2020 年第 4 期。

② 参见冯珏:《自然人与法人的权利能力——对于法人本质特征的追问》,载《中外法学》2021 年第 2 期。

③ 参见史蔚:《组织体罪责理念下单位故意的认定:以污染环境罪为例》,载《政治与法律》2020 年第 5 期。

④ 参见刘军、王艺:《被害人教义学及其运用》,载《法律方法》(第 24 卷),中国法制出版社 2018 年版,第 390—401 页。

⑤ 参见王素之:《被害人教义学核心原则的发展——基于侵犯公民个人信息罪法益的反思》,载《政治与法律》2017 年第 10 期。

逐步被放入机器之中,机器智能化程度不断提高。可以说,人工智能的发展史,就是机器智能化程度的提高史。作为现下顶端科学技术的代表,ChatGPT 等人工智能的智能化程度达到了前所未有的高度,其中的机器属性占比要远低于类人脑功能占比。"随着人工智能时代的到来,人和机器早已不是'各司其职'的关系……人工智能将本来只有自然人才具有的智能赋予'机器',从而使传统意义上的'机器'能够在很大程度上,从简单地替代自然人的手脚等身体功能而发展到逐渐替代自然人的大脑功能,以开展活动。"如果已经接近强人工智能边界的 ChatGPT 等人工智能依然被视为机器,进而主张通过保护机器人作品便可以达到保护机器人的创造人和所有人的目的,则会忽视人工智能本身在作品创作过程中发挥的作用,使得法律所保护的对象发生偏移。所以,需要对《著作权法》进行同步修改,将生成式强人工智能作为著作权原始主体,即除特殊情况外,生成式强人工智能成为作品创作者,成为著作权的原始主体。[1]

结　　语

科学技术的快速发展为人们生活带来便利的同时,也为法律规范的发展提出了新的要求。国家鼓励和支持发展新科技、新领域的技术创新,知识产权作为鼓励创新、维护当事人合法权益的重要手段也应当与时俱进。同时也应当注意到,知识产权是保护智力成果的重要手段,但不是唯一的手段。作为惩罚犯罪的刑法,也应当同步更新。在完善刑法法规的同时,应当注意法域协调关系,注意同前置法的衔接与洽和。

---

① 参见吴汉东主编:《知识产权法》(第 5 版),北京大学出版社 2019 年版,第 41 页。

专题笔谈

生成式人工智能刑事责任的认定逻辑

金以豪 *

内容摘要 生成式人工智能具有自主学习训练功能、自我运算功能以及个性化生成功能引发的三重刑事风险。从风险成因及刑法规定来看,生成式人工智能犯罪的本质是人为风险在生成式人工智能领域的扩张,区分人为风险与技术风险成为生成式人工智能刑事治理的总体逻辑。为此,刑事责任的认定需要明确归因在前、归责在后的体系性顺序。在归因标准上采取客观归责理论,判断行为是否创设了法所不容许的风险。在归责标准上区分研发者责任与使用者责任,从严打击两大主体的故意犯罪。对于过失犯罪的认定,应适当扩张研发者的注意义务范围,研发者是否成立过失取决于其是否履行了相应的注意义务,使用者基于合理信赖原则上不负有注意义务。

关键词 生成式人工智能 刑事责任 区分原则 因果关系 主观罪过

2022 年 11 月,美国 OpenAI 公司发布的人工智能聊天机器人 ChatGPT 将生成式人工智能带入人们的视野,引发了世界范围内的关注和讨论。随着 ChatGPT 在短时间内实现从"3.5 版本到 4.0 版本"的迭代升级,人工智能技术超脱人类编程与设计控制,发展到具有辨认能力和控制能力的强人工智能时代似乎不再是触不可及的"科幻情节"。[1]不可否认,迅猛发展的人工智能产品在给社会生活带来变革的同时,源源不断的风险也裹挟而来。在此背景下,刑法应当进行理念上的更新,既要立足于人工智能技术的发展现状和已经产生的风险,又要预见到未来人工智能技术的发展趋势和将会产生的风险,从而对人工智能时代社会转型中各类风险作出灵活应对。[2]抽象的刑法理念需要具体的认定逻辑才能实现社会现实与刑法规定之间的合理对应,进而指导生成式人工智能的刑事治理方案。因此,本文以兼顾现实性与前瞻性的刑法理念为指导,探

---

* 金以豪,华东政法大学硕士研究生。

① 参见刘宪权:《人工智能时代的"内忧""外患"与刑事责任》,载《东方法学》2018 年第 1 期。

② 参见刘宪权、房慧颖:《涉人工智能犯罪的前瞻性刑法思考》,载《安徽大学学报(哲学社会科学版)》2019 年第 1 期。

讨生成式人工智能刑事责任的认定逻辑及其具体适用。

一、生成式人工智能的功能特性与伴生风险

生成式人工智能是指人工智能通过各种算法利用数据进行学习,进而创建或生成全新的具有人类语言特征内容的一项技术。以 ChatGPT 为例,其在技术路线上采用"自然语言处理＋搜索引擎集成"的架构,建构了大型语言和强化学习微调训练模型,连接大量语料库,通过预训练方法处理大模型序列数据,使其拥有语言理解和文本生成的能力,完成用户指令的任务。[①]因此,生成式人工智能具有自主学习训练功能、自我运算功能以及内容生成功能三个显著功能特性。然而,正是这三个支撑生成式人工智能实现高度类人化的功能特性,引发了生成式人工智能的三重刑事风险。

(一) 自主学习训练功能引发的刑事风险

针对海量高质量的语料基础进行自主学习训练是 ChatGPT 技术突破的关键要素之一,可以分为预训练语料与微调语料两个部分。其中预训练语料部分包括从书籍、杂志、百科、论坛等渠道收集,并初步清理后形成的海量无标注文本数据;微调语料包括从开源代码库爬取、专家标注、用户提交等方式收集和加工的高质量有标注文本数据。[②]通过海量无标注语料的预训练,使 ChatGPT 学习到语言表达、知识元关系等基础性知识内容,再利用高质量的标注语料进行针对性的微调,进一步增强其对话能力。换言之,为了得出生成内容的准确性,ChatGPT 必须尽可能扩大自身的语料基础进行自主训练,运用技术手段获取数据信息是其必要途径。然而,大规模的数据获取、聚集和利用本身就是一种巨大的风险。[③]譬如,很多个人数据即使与当事人想咨询的结论之间联系并不紧密,ChatGPT 的算法也会收集这类数据来辅助验证,并通过知识蒸馏来进行深度学习并凝练结论。[④]

因此,当 ChatGPT 为追求语料基础的广度而获取数据信息时,触碰到刑法

---

① 参见邓建鹏、朱怿成:《ChatGPT 模型的法律风险及应对之策》,载《新疆师范大学学报(哲学社会科学版)》2023 年第 5 期。

② 参见钱力、刘熠、张智雄等:《ChatGPT 的技术基础分析》,载《数据分析与知识发现》2023 年第 3 期。

③ 参见盛浩:《生成式人工智能的犯罪风险及刑法规制》,载《西南政法大学学报》2023 年第 4 期。

④ 参见黄雨华、杨顺志、林威等:《知识蒸馏研究综述》,载《计算机学报》2022 年第 3 期。转引自刘艳红:《生成式人工智能的三大安全风险及法律规制——以 ChatGPT 为例》,载《东方法学》2023 年第 4 期。

规制的边界似乎也是必然结果。生成式人工智能可能会因突破刑法对特定数据信息保密性的保护，从而触犯有关保护特定数据信息保密性的刑法条文。[①]由于数据与信息的不同性质决定了其承载的不同保护法益内容，因此根据侵害对象的不同，可能会构成泄露内幕信息罪、侵犯商业秘密罪、侵犯公民个人信息罪、非法获取国家秘密罪、非法获取计算机信息系统数据罪、非法获取军事秘密罪等。在此意义上，无论是人工智能非法获取此类信息，或者其他使用者通过攻破人工智能的程序去获取该类信息，都会引发相应的刑事风险。

同时，生成式人工智能的预训练数据、微调训练数据主要来源于已有的文字、图片、视频等数据，其生成内容难免带有对已有数据进行提取借鉴和复合加工的痕迹，这也是有学者将 ChatGPT 定位为"智能搜索引擎＋智能文本分析器＋智能洗稿器"的内在原因。[②]特别是目前生成式人工智能大多不具备全新内容的创造功能，在巨量语料库数据信息的挖掘和利用上对受版权保护作品的深度加工，可能完全未获得著作权人许可，囿于必须输出特定内容的程序设定，可以预见生成式人工智能涉及著作权侵权，甚至引发侵犯著作权犯罪的高度可能性。

（二）自我运算功能引发的刑事风险

以 ChatGPT 为代表的生成式人工智能拥有独特的语言算法模型，能够针对使用者的提问及时地作出回答，实现"搜索引擎集成式"功能。问题在于，一方面，ChatGPT 的自主学习训练过程属于无监督训练方式，决定了其在获取数据信息的源头方面不可控。如 GPT-3 在与用户的交互过程中经常会出现一些不当言论。虽然 ChatGPT 通过"人类反馈强化学习"（Reinforcement Learning from Human Feedback，RLHF）的思路对原模型中不当的输出结果不断进行纠正，引导出一个符合人类语言习惯、偏好和价值观的语言生成模型。[③]然而，该方式仍然属于一种无监督训练模型，没有改变人类只能从外部进行预设，而不能对内部进行实时管控的本质，因此无法解决算法不可控的隐忧。另一方面，ChatGPT 依托的 Transformer 是深度学习模型，其在前馈神经网络中引入自注意力机制（Self-attention Mechanism），是经典的"黑箱算法"。目前尚无完整的技术方案对"黑箱算法"进行全局解释。[④]之所以称为"算法黑箱"，是因为人们无

① 参见房慧颖：《生成型人工智能的刑事风险与防治策略——以 ChatGPT 为例》，载《南昌大学学报（人文社会科学版）》2023 年第 4 期。

② 参见王迁：《ChatGPT 生成的内容能受著作权法保护吗？》，载《探索与争鸣》2023 年第 3 期。

③ 参见陈永伟：《超越 ChatGPT：生成式 AI 的机遇、风险与挑战》，载《山东大学学报（哲学社会科学版）》2023 年第 3 期。

④ 参见张欣：《生成式人工智能的算法治理挑战与治理型监管》，载《现代法学》2023 年第 3 期。

法完全理解人工智能内容生成的过程,也无法完全预测其生成的结果,因而难以实现对 ChatGPT 等生成式人工智能的进程与结果管控。可以设想,随着其深度学习的进行,人工智能完全有可能学习和掌握新的算法,成为超脱人类掌控的"猛兽"。

因此,由于"算法黑箱"的存在,现阶段人类难以对生成式人工智能的源头、进程及结果实现控制,自然也无法保证生成式人工智能的生成内容具有真实性与可靠性。为了达到生成内容的目的,ChatGPT 甚至会虚构信息及其来源。可见,目前 ChatGPT 的本质只能算是"信息的加工",所生成的是"新信息"而非可靠的"真知识"。[①]从刑法视角来看,生成式人工智能输出的虚假内容、违法内容等都具有构成犯罪的可能,如针对用户的侮辱性、诽谤性内容有构成侮辱罪、诽谤罪等犯罪的风险;输出淫秽色情内容有构成传播淫秽物品罪等犯罪的风险;输出虚假信息的,有构成编造、故意传播虚假恐怖信息罪等犯罪的风险。

(三) 个性化生成功能引发的刑事风险

区别于传统网络搜索引擎的固定化内容,ChatGPT 等生成式人工智能具有按照用户指令生成个性化内容的能力,这是其作为聊天机器人风靡全世界的重要原因。但人工智能技术是一把双刃剑,此种个性化生成功能也可能会成为犯罪分子"量身定做"的犯罪工具。因此,与前述技术因素直接引发的风险不同,生成式人工智能还存在人为引发的风险,即作为犯罪工具的风险。该风险可以分为两种情况:第一种是研发者以实施犯罪为目的而设计的生成式人工智能,如研发者为让聊天机器人代替人类在公共场所发表分裂国家的言论,因此在设计和编制程序的过程中有意为其输入相关程序,使其大肆发表分裂国家的言论的情形。第二种是使用者以实施犯罪为目的而利用的生成式人工智能。一旦生成式人工智能被当作犯罪工具利用,不仅会使犯罪分子更容易实现犯罪目的,还会在行为方式与危害后果上实现升级。既能够生成完整的诈骗套路话术,把 ChatGPT 包装成"虚拟角色"与受害人接触,也能伪造虚假视频进行诈骗,还能针对目标对象的爱好、特征等编写"钓鱼"邮件。[②]同时,ChatGPT 也能被用来伪造不雅视频,侵害被伪造人名誉权等。[③]面对非法利用生成式人工智能

[①] 参见肖峰:《何种生成? 能否创造? ——ChatGPT 的附魅与祛魅》,载《中国社会科学报》2023 年 3 月 6 日,第 5 版。

[②] 参见盛浩:《生成式人工智能的犯罪风险及刑法规制》,载《西南政法大学学报》2023 年第 4 期。

[③] 参见张凌寒:《深度合成治理的逻辑更新与体系迭代——ChatGPT 等生成型人工智能治理的中国路径》,载《法律科学(西北政法大学学报)》2023 年第 3 期。

的多样性,如何防止生成式人工智能成为犯罪的"帮凶"是人工智能时代不得回避的话题。

基于上述分析,生成式人工智能的自主学习训练功能、自我运算功能、个性化生成功能有构成犯罪的风险,不论是从社会危害性还是刑事违法性的角度,这些风险都有规制的必要。需要探讨的是,生成式人工智能所引发的这些刑事风险是否使得传统犯罪发生"质变",进而影响刑法体系与追责制度? 为了应对风险,刑事治理应当采取怎样的总体逻辑? 如何进行刑事责任的认定? 这些问题亟待进一步解答。

二、风险区分:生成式人工智能刑事治理的总体逻辑

新事物与旧事物之间的关系从来不是"一刀两断"的,而是"藕断丝连"的。对于新兴犯罪的研究需要不断地往返于现代与传统之间,并且注重以传统犯罪为立足点和切入点。[1]对于生成式人工智能这一新兴技术,有必要把握新旧犯罪之间的对应关系,确定犯罪治理的总体逻辑和具体进路。应当看到,生成式人工智能犯罪与传统犯罪之间存在的同一性与特殊性,是在刑事治理层面以区分原则构建总体逻辑的现实基础。

(一) 生成式人工智能犯罪是传统犯罪的"量变"而非"质变"

"人工智能主体的拟制问题,是讨论人工智能刑事治理的逻辑起点。"[2]在生成式人工智能的刑事治理领域,最为关键的问题是生成式人工智能引发的刑事风险是否使得传统犯罪发生"质变"。若生成式人工智能犯罪使得传统犯罪发生"质变",则刑事治理的重心应当偏向于刑事立法的修正;若能够肯定生成式人工智能犯罪的本质仍然是人类的犯罪,则刑事治理的重心仍是现有刑法框架下的刑事责任的认定规则构建。

一方面,从风险的成因来看,人为风险的扩张和技术风险的实现是生成式人工智能危害的两张"面孔"。在上文阐述的三重刑事风险之中,个性化生成功能反映了生成式人工智能具有的工具属性,生成式人工智能被当作"刀枪棍棒"一般的犯罪工具,从形式上就可以判断人在此类风险的发生中起主导作用,属于人为风险在生成式人工智能领域的扩张。而自主训练功能与自我运算功能

---

① 参见刘宪权:《网络犯罪的刑法应对新理念》,载《政治与法律》2016 年第 9 期。

② 叶良芳、马路瑶:《风险社会视阈下人工智能犯罪的刑法应对》,载《浙江学刊》2018 年第 6 期。

引发的风险较为复杂,往往同时包含了人为因素与技术因素,从形式上看似乎是程序设定、系统漏洞等技术风险直接引发了危害结果,但需要进一步讨论的是,技术风险背后是否隐藏着人为因素,是单纯的技术风险现实化为危害结果,还是人为风险主导了危害结果的发生。

着眼于人工智能技术的发展现状,生成式人工智能离不开大数据的支持、运算能力的提升和深度学习框架的构建,这些技术架构均依赖于人类研发者的预先设定。可见,生成式人工智能享有的自主是"有限的自主",自主性的发挥被严格限定在人类编写的程序射程范围之内,也即智能机器人的行为均在人类的概括掌控之下。①通俗来讲,现有的生成式人工智能仅是一种帮助人类完成那些有规则可循的重复性工作的工具。②即便以 ChatGPT 为代表的生成式人工智能可能会因为语料基础的扩张不当获取数据信息,或因为"算法黑箱"的存在呈现出进程与结果的不可控性,但生成式人工智能并没有产生独立的意识,该不可控性仅是算法赋予的"有限的自主",所引发的风险背后实则是人类的过错。算法本身是一种中性的技术,但算法的编排以及由多个算法形成的系统,实则都是夹杂人类研发者自身偏好与善恶价值的产物。正如学者指出,"即使算法结果是由数据自动化处理得出,从本质上讲就是人为编制的运算法则,其中的回报函数体现着工程师的设计意图和价值取向"。③在此意义上,生成式人工智能犯罪实则是人为风险的领域转移,是传统犯罪在社会危害性与犯罪形式上的"量变"。

另一方面,从刑法规定的角度出发,刑事责任主体应当是以人类为中心的自然人或单位。在现有技术阶段,生成式人工智能不具备独立的辨认能力和控制能力,其表现出的自主性来源于算法。算法决策行为的不可解释性意味着其对于责任承担不可能有任何反应,因而不存在承担刑事责任的基础,将刑事责任落实于智能体本身也无法实现犯罪预防目的。④相反,若将生成式人工智能视为刑事责任主体,实则降低了研发企业应承担的"技术向善"义务,反而"将人工智能的技术风险全部转嫁给了社会和消费者"。⑤何况在恪守罪刑法定原则下,

① 参见房慧颖:《人工智能犯罪刑事责任归属与认定的教义学展开》,载《山东社会科学》2022 年第 4 期。

② 参见姜涛:《刑法如何应对人工智能带来的风险挑战》,载《检察日报》2019 年 12 月 7 日,第 3 版。

③ 于冲:《人工智能的刑法评价路径:从机器规制向算法规制》,载《人民法治》2019 年第 17 期。

④ 参见刘艳红:《人工智能的可解释性与 AI 的法律责任问题研究》,载《法制与社会发展》2022 年第 1 期。

⑤ 徐永伟:《人工智能时代的刑事治理立场——基于主体、风险与责任的省思与建构》,载《山东社会科学》2022 年第 10 期。

以生成式人工智能作为归责对象不具备任何空间。随着强人工智能时代的到来,生成式人工智能可能会衍生出独立意识,产生智能体所引发的风险,但这并非当前刑事治理领域需要讨论的重点。因此,针对生成式人工智能中的人为风险,认定人类在生成式人工智能领域中的刑事责任才是可行之策。

因此,刑事治理的要求就可以简化为:如何确定生成式人工智能领域中的人为风险,并落实以人类为中心的自然人或单位在生成式人工智能领域的刑事责任。

(二) 生成式人工智能的治理应当区分人为风险与技术风险

生成式人工智能刑事治理与传统犯罪治理的不同之处在于,需要重点平衡好社会安全和科技创新这对关系。诚然,若不对生成式人工智能犯罪进行严厉打击,将使得不法分子拥有"得天独厚"的犯罪工具,甚至可能产生比传统犯罪更大的危害后果。但也应当看到,刑事治理具有制裁手段的严厉性,若不把握好刑法规制的边界,刑罚及其附随后果很容易阻碍研发者的创新热情,扼制技术和产业发展。刑法在科技创新面前应当保持谦抑性,恪守"最后一道防线"的保障法地位,在有其他部门法或社会治理手段能够实现规制目的时应当有所不为,做到保证社会安全的同时实现人工智能技术的快速发展。

对应于生成式人工智能所表现出的人为风险与技术风险两张"面孔",刑事治理领域应当确认罪与非罪之间的清晰界限。应当看到,刑法规制对象是自然人或单位,需要筛选出人为风险引发的危害结果,将技术风险的现实化情形予以排除。

人为风险的扩张,是指行为人在研发或使用生成式人工智能的过程中主导了危害结果发生的情形,这种主导性体现了主客观相统一原则的要求,要求行为人的不当行为是造成危害结果的客观原因,主观上也为结果的发生负有过错,否则只能认为是其他因素引发的结果,不能归责于行为人。由于生成式人工智能犯罪不存在质变,本质上仍然是传统犯罪在新兴领域的扩张,故对人为风险的治理需要依托于现行的刑法框架与制裁体系。

技术风险的实现,是指危害结果的发生是由技术因素等非人为因素影响导致,人的行为只是参与了危害结果实现,但并不具备主导地位,缺乏承担刑事责任的基础。典型情况为研发者在设计生成式人工智能时已进行了合理的防范,但由于认知水平局限等难以避免的事由引发危害结果。虽然在客观上看,这一危害结果是研发行为存在瑕疵导致,但研发者主观上不具备预见或避免危害结果的可能性,是缺乏主观过错的风险,行为人并没有主导危害结果的发生,该风险属于刑法理论中的"被允许的危险"。①例如,ChatGPT 在语料库中学习到带有偏见性、欺骗性、歧视性、侮辱性的信息,而这些信息并非研发者添加,可能来自大量用户的上传和输入,甚至可能是生成式算法自身进行数据整合的结果。对于这种算法不可控带来的风险,需要从主客观统一的视角判断是否属于人为风险,不能仅仅依据危害结果进行归责。否则,会不当扩大打击面,使刑事责任沦为一种纯粹的结果责任,阻碍人工智能技术的变革和进一步发展。

概言之,生成式人工智能个性化功能引发的风险,是典型的人为风险的扩张,而对于自主学习训练功能与自我运算功能引发的风险,人为风险与技术风险之间的属性判断尚不明晰,需要立足于风险区分的立场,结合具体情况厘清刑事责任的认定规则。

三、纵横结合:生成式人工智能刑事责任的认定进路

区别于传统犯罪,生成式人工智能犯罪在刑事责任的认定上发生了一定异化,为区分人为风险与技术风险带来了难度,具体表现为:(1)危害行为的异化。作为犯罪主体的人的危害行为是刑法规制的核心对象,但生成式人工智能犯罪却呈现出人与危害行为分离的特性。立足于研发者视角,研发者只是创造了生成式人工智能,却因为人工智能体的后续"行为"直接导致了危害结果。(2)因果关系的异化。生成式人工智能是多主体、多环节的分工合作,背后有一个包括了上、中、下游的巨大技术链和产业链。以 ChatGPT 为例,其存在上游的数据供给环节,中间的模型开发与定制环节,下游的应用与分发环节,每个大环节亦包含小环节。从因果链条上看,生成式人工智能引发犯罪的过程,既有可能是多个阶段的因果叠加,也有可能由某个具体阶段独立造成,是一种多个主体和环节造成的"多主体的责任"。②(3)主观罪过的异化。对于传统犯罪而言,刑法以惩罚故意犯罪为原则,惩罚过失犯罪为例外,但在生成式人工智能领域人和行为呈现出分离状态,难以直接判定行为人对结果具有积极追求或放任的故意,过失犯罪成为该领域的规制重点,更多地需要基于注意义务的违反判断行为人的主观过错。

为了应对生成式人工智能犯罪在危害行为、因果关系、主观罪过方面表现出的异化倾向,需要明确从归因到归责的纵向体系顺序,在主体上进行研发者

---

① 参见[日]西田典之:《日本刑法总论》,刘明祥等译,中国人民大学出版社 2007 年版,第 104 页。

② 参见盛浩:《生成式人工智能的犯罪风险及刑法规制》,载《西南政法大学学报》2023 年第 4 期。

和使用者的责任分化,构成"纵横结合"的刑事责任认定进路。

(一) 纵向解构:生成式人工智能犯罪的归因与归责

生成式人工智能犯罪在刑事责任的认定上应当把握客观归因在先、主观归责在后的体系顺序。"近现代刑法文明和人道的标志之一就在于坚守罪责自负:任何人只对自己的不法行为及其引起的危害结果承担责任,而不对他人的不法行为及危害结果承担责任。"①同样,在人工智能时代坚持罪责自负原则,就是人类只对自己的不法行为及其引起的危害结果承担过错责任,而不对他人的不法行为以及人工智能技术风险本身引起的危害结果承担刑事责任。

生成式人工智能犯罪的复杂行为样态带来了因果关系判断与主观罪过认定的困难,必须确保刑事责任认定的体系顺序的合理性。归因是归责的必要前提,而归责是归因的可能后果,只有归因与归责判断同时具备,才能就危害结果的发生对行为人进行非难。一旦在顺序上出现倒置,很容易导致刑法处罚的重心不再是人的危害行为,而是主观过错与危害结果。因此,对于生成式人工智能领域产生的危害结果,首先需要判断的不是研发者是否违反了注意义务,而是考察引起危害结果发生的原因。特别是涉及生成式人工智能领域的过失犯罪时,作为一种结果犯,过失犯罪需要经过因果关系理论的检验,才能进一步讨论行为人是否因违反注意义务具有主观过失。如若行为人存在违反注意义务的行为,但结果无法归因于研发者的行为,则该注意义务与危害结果不存在直接关联,不能认定研发者具有犯罪过失。此时,危害结果的发生无法归因于生成式人工智能研发者的瑕疵行为,也就无法将危害结果归责于研发者的主观过错。

可见,因果关系的判断在生成式人工智能刑事责任认定上具有优先性。生成式人工智能呈现人和行为的分离状态,结果的发生往往是多方原因的共同作用,且原因与结果之间可能存在较长的时间间隔。在因果关系的判断上,刑法理论主要存在条件说、相当因果关系说、客观归责理论三种学说。条件说容易导致因果链条无限扩张,相当因果关系说存在筛选标准不确定的弊端,两者容易导致研发行为不法内涵扩大化,不利于社会安全与科技创新的平衡。②客观归责理论与本文区分人为风险与技术风险的总体逻辑存在着高度契合性。其基

---

① 冯亚东:《罪与刑的探索之道》,中国检察出版社 2005 年版,第 290 页。转引自刘宪权:《涉人工智能犯罪中的归因与归责标准探析》,载《东方法学》2020 年第 3 期。

② 参见储陈城、魏培林:《生成式人工智能犯罪中研发者刑事责任的认定——以 ChatGPT 为例》,载《重庆理工大学学报(社会科学)》2023 年第 9 期。

本规则为:(1)行为制造了不被容许的危险;(2)行为在具体结果中实现了不被容许的危险;(3)结果属于构成要件的保护范围之内。[①]

首先,在生成式人工智能犯罪领域,判断行为是否制造了不被容许的危险是区分人为风险与技术风险的关键依据。例如,驾车上路是现代社会典型的风险行为,但只要行为人按照交通法规驾驶机动车,纵然造成法益侵害的结果,也能被法律所容许。同样,ChatGPT 等生成式人工智能技术必将成为未来智能时代较为普遍事物,虽会引发诸多刑事风险,但只要行为人没有违反特定标准,风险应归为技术因素所致,属于法律所容许的风险。此处的特定标准,应当结合行为主体的身份进行具体认定,从权责统一立场赋予其相应的义务。其次,需要判断危害结果的发生是否由行为人创设的风险所致,如研发者在设计生成式人工智能时没有按照规定设置语料库的筛选程序,不当获取了部分商业秘密信息,但其后将人工智能交由他人进行运营,若运营者并未及时更新反社会语言程序进行漏洞维护,导致使用者利用程序漏洞实现对他人个人信息的侵犯,则该个人信息侵犯的风险并非研发者创设,而是运营者与使用者所创设。最后,对结果的判断,需要结合具体犯罪的构成要件进行判定。

由此可见,客观归责理论可以通过判定行为是否创设法所不容许的风险,区分人为风险与技术风险,在客观方面将技术风险予以排除,并结合风险与结果、构成要件的关系,限定犯罪的成立范围。但在归责标准上,仍要结合不同主体进行具体认定。

(二) 横向分化:生成式人工智能刑事责任认定的主体区分

由于刑法规制的对象只能是人为风险的创设者,刑事责任的具体认定自然分配到生成式人工智能产业链条上的各个行为主体。其中,研发者与使用者分别处于产业链条的前端与末端,前者是人工智能风险的最初来源,后者是人工智能服务指向的最终群体,都是生成式人工智能治理领域最重要的主体。然而,刑法对这两类主体的规制程度有别,表现为不同主体的不同刑事治理方式;在责任认定的范围上亦存在差异,表现为相同主体在不同阶段存在的不同注意义务要求,故应对研发者责任与使用者责任进行区分讨论。

1. 研发者的刑事责任

对于研发者而言,刑事治理需要做到"宽严相济",应当坚持法益原则,区分故意犯罪与过失犯罪。由于过失犯罪是生成式人工智能领域研发者的主要责

---

① 参见林钰雄:《新刑法总则》,中国人民大学出版社 2009 年版,第 125 页。

任形式,需要为研发者施加更严格的保证人义务,实现生成式人工智能风险防控的早期化和全流程化,但在刑事责任的落实层面,应当排除技术风险导致的危害,限定过失犯罪的成立范围。具体应当做到如下两方面要求:

一是需要严格惩治研发者的故意犯罪。在生成式人工智能的诸多风险中,研发者以实施故意犯罪为目的设计人工智能是最具有主观恶性的人为风险类型。如果一个生成式人工智能产品被设计和制造的用途就是引发社会秩序紊乱,研发者为其输入提供虚假信息的程序,并提供集合有各类虚假信息、不实信息、违法信息的数据库供其学习,那么该研发者是明知自己的行为会导致社会秩序受到侵害并引起民众恐慌的结果,却仍然研发出这类产品,显然具有犯罪的故意,应当构成故意犯罪。值得注意的是,研发者设计以实施犯罪为主要目的的生成式人工智能时,其主观罪过应被认定为直接故意,不存在间接故意的成立空间。①主观罪过由认识因素与意志因素组成,而认识因素能够影响意志因素。如果行为人明知结果必然发生,就不可能在意志上对结果持放任态度。研发者若明知一旦生成式人工智能投入使用,就会按照研发者设计的程序运行,其在认识因素上明知的是发生危害结果的必然性,就决定了在意志因素上只能是希望态度,而间接故意所要求的放任态度,必须基于研发者明知结果的发生具有可能性。有观点认为,若研发者以犯罪为目的设计并投入使用的人工智能仅是半成品,不确定能否达成犯罪目的,最终却导致了危害结果的发生,则属于间接故意,因为行为人明知行为可能导致结果并放任其发生。该观点的错误在于,忽视了研发者在以犯罪为目的设计人工智能时,其主观态度显然是希望,而非既不肯定也不否定的放任态度,直接故意的核心在于意志上的希望态度,而非认识到结果发生具有必然性。

二是需要在认定研发者具有保证人地位的同时,限定过失犯罪的成立范围。研发者是生成式人工智能引发风险的最初来源,同时也是生成式人工智能风险的最终责任人。生成式人工智能的研发者相比于生成式人工智能的使用者或者其他主体而言,具有明显的技术优势,能够从源头上支配生成式人工智能,并在人工智能产业链条上最终受益,是生成式人工智能风险最有效最天然的治理者。②

一方面,研发者应当对没有履行注意义务所引发的危害结果承担过失犯罪的责任。由于研发者在生成式人工智能的研发阶段和使用阶段都具备"支配

① 参见刘宪权:《涉人工智能犯罪中研发者主观罪过的认定》,载《比较法研究》2019年第4期。
② 参见房慧颖:《生成型人工智能的刑事风险与防治策略——以ChatGPT为例》,载《南昌大学学报(人文社会科学版)》2023年第4期。

力",注意义务的认定应在流程和范围上适度扩张,以督促研发者尽职尽责地规避刑事风险。具体而言:(1)在流程上,研发者在产品的研发阶段与使用阶段均承担注意义务,但以产品上线前后作为区分节点,承担的义务内容有所不同。在研发阶段注意义务的核心是对算法程序设计的监管与语料基础信息的把控,"算法黑箱"的存在不能成为研发者逃避注意义务的理由,研发者应当不断完善程序设计,保证研发出的程序没有明显的漏洞,在获取语料基础信息时尊重他人的权利边界;在使用阶段研发者应当及时发现生成式人工智能产品的系统漏洞,并进行更新与升级。当用户对人工智能产品存在的问题进行反馈时,研发者不能怠于履行系统维护职责,应当及时作出答复与处理。①(2)在范围上,应当发挥刑法的安全保障机能,适度拓宽注意义务的范围。只要研发者违反了法律法规、国家标准和行业标准、责任人自我承诺、一般社会伦理、职业伦理等设定的注意义务,就能够认定研发者主观上具有过错。②

另一方面,在研发者设计非以实施犯罪为目的的人工智能时,扩张注意义务的流程和范围并不会造成刑事责任的泛化。正如上文所述,注意义务仅为认定主观过错的必要不充分条件,并非只要违反了注意义务或具有主观过错就会承担刑事责任,成立过失犯罪必须以危害结果与研发者的危害行为之间存在因果关系为客观前提。以"全流程,大范围"认定研发者的注意义务并不影响将研发者的主观认知局限排除在外,这是法不强人所难原则在生成式人工智能领域的体现。若研发者由于技术水平限制存在认知局限,没有履行保证人义务,则该行为引发的风险实则是技术风险,所产生的危害结果不应归责于研发者,而应由社会成员"共同分担"。正如《产品质量法》第 41 条第 2 款对生产者的免责事由的规定,"产品投入流通时,引起损害的缺陷尚不存在的";"将产品投入流通时的科学技术水平尚不能发现缺陷的存在的"。生成式人工智能的研发者同样具备生产者地位,刑法也应落实法秩序统一性的要求,在归责标准上和前置法进行有效衔接,排除对认知局限导致的风险适用刑法。

2. 使用者的刑事责任

对于使用者而言,其作为生成式人工智能链条的末端参与者,仅涉及使用阶段产生的刑事风险,其不为研发者在研发阶段所创设的风险承担责任。使用者在使用生成式人工智能时受到合理信赖原则的保护,能够信赖只要自己按照

---

① 参见刘杰:《对涉生成式人工智能产品的刑事治理应贯彻区分原则》,载《人民法院报》2023 年 5 月 11 日,第 6 版。

② 参见叶良芳、马路瑶:《风险社会视阈下人工智能犯罪的刑法应对》,载《浙江学刊》2018 年第 6 期。

生成式人工智能的基本方式进行使用，就不会引发事故，也无需承担刑事责任。①因此，原则上不应赋予使用者预见危害结果的注意义务，在刑事治理时应当严格限制使用者成立过失犯罪。例外情形在于，如果按照生成式人工智能的使用规则，使用者与人工智能产品共同引发了具有严重社会危害性的实害结果，那么使用者便应当在自身注意义务的范围内承担刑事责任。

相反，故意犯罪是使用者的承担刑事责任的主要形式。使用者利用生成式人工智能实施故意犯罪的行为明显违背了国家鼓励人工智能发展的初衷，是传统犯罪在生成式人工智能领域的转移，应当依法严厉惩处。需要注意的是，在使用者利用生成式人工智能实施犯罪时，是否应当一并追究研发者的刑事责任？应当看到，任何无瑕疵的技术本身原则上不应产生刑事责任，但是如果其主要用途是用以实施犯罪行为，那么技术中立原则不再适用，替代责任成为较为适宜的选择。②如果非以实施犯罪活动为主要目的的生成式人工智能被其他自然人或单位用于实施犯罪活动，应遵循替代责任的原则追究使用者的罪责，研发者不应对没有技术缺陷的人工智能产品承担刑事责任。

结　　语

ChatGPT 等生成式人工智能的出现意味着人工智能技术已经触及了强人工智能的边缘，开启了人工智能时代的"潘多拉魔盒"，风险和机遇并存的特点必然将人工智能的治理推上理论和实务研究的"风口浪尖"。ChatGPT 的功能特性所揭示的三重刑事风险，实则具有人为风险的扩张和技术风险的实现两张"面孔"，是生成式人工智能的刑事治理确定总体逻辑的立足点。在刑事责任的具体认定上，有必要贯彻归因与归责两个层次，落实研发者和使用者两大主体，既让刑法有所为有所不为，又让刑法在有所为时做到宽严相济、分而治之。自此，区分原则得以在生成式人工智能治理的总体框架与具体进路得到充分贯彻。面对未来人工智能风险的冲击，应当看到刑事治理受制于罪刑法定原则所具备的有限性，在构建风险预防体系上，应当加强行政规范、民事规范、刑事规范等防治手段的协同配合，既保持多元化治理手段的灵活性，实现风险的事前预防与事中监管，也能通过刚性的刑法以刑罚措施打击生成式人工智能领域中突出的犯罪问题。

---

① 参见房慧颖：《人工智能犯罪刑事责任归属与认定的教义学展开》，载《山东社会科学》2022 年第 4 期。

② 参见吴汉东：《人工智能时代的制度安排与法律规制》，载《法律科学》2017 年第 5 期。

ChatGPT 与爬虫程序协同运作的刑事风险及应对研究

熊浩宇 *

内容摘要 当前 ChatGPT 等生成式人工智能正在经历迅猛的发展。Chat-GPT 与爬虫程序协同运作的模式使得 ChatGPT 与爬虫二者的能力得到进一步的显著提升，但同时也给社会带来了全新的刑事风险。在 ChatGPT 与爬虫程序协同运作的规制方面，可从以 ChatGPT 为中心和以爬虫程序为中心的视角来分类讨论其中的危险行为。当前学界对于 ChatGPT 的学习行为缺乏认识，对于爬虫犯罪行为认定缺乏进一步的实质判断，这使得 ChatGPT 与爬虫程序协同运作中危害行为的规制变得更加复杂而迫切。因此，对于 ChatGPT 与爬虫程序协同运作中危害行为的规制应当在坚持罪刑法定原则的基础上，遵守保护科技发展原则和刑法谦抑性原则。刑法应对 ChatGPT 与爬虫程序协同运作中的危害行为作实质解释，否定单纯获取数据行为的违法性，并对 ChatGPT 中的"学习"行为作分类解释。

关键词 生成式人工智能 爬虫 刑事风险 刑事责任 刑法应对

引　言

2022 年 11 月底，OpenAI 推出了其研发的生成式人工智能——ChatGPT (Chat Generative Pre-trained Transformer)。ChatGPT 因其强大交互功能迅速得到人们的广泛关注。有业内人士已经预测，ChatGPT 能够被广泛运用于多个领域，例如政务服务领域、医疗领域、科学研究领域、金融领域等。[①]然而，ChatGPT 等生成式人工智能在给人类带来便利的同时，也给社会带来了全新的挑战和风险。目前，刑法学界已就 ChatGPT 等生成式人工智能涉及刑事责任问题、[②]刑

---

* 熊浩宇，上海政法学院硕士研究生。

① 参见李耕、王梓烁、何相腾、彭宇新：《从 ChatGPT 到多模态大模型：现状与未来》，载《中国科学基金》2023 年第 4 期。

② 参见刘宪权：《ChatGPT 等生成式人工智能的刑事责任问题研究》，载《现代法学》2023 年第 4 期。

事风险及防治展开了相应的研究,①但仍需对 ChatGPT 具体的适用场景进行进一步的研究。爬虫程序作为同样以效率著称的互联网产物,其在运作上能够与 ChatGPT 较为契合地进行协同运作,能够为 ChatGPT 等生成式人工智能弥补学习训练数据的空缺,使得 ChatGPT 等生成式人工智能的能力得到指数级别的增长。同时,爬虫程序领域已有"自适应爬虫程序"②"自我学习式爬虫技术"③等作为基础,并且 ChatGPT 等生成式人工智能能够为爬虫提供编程文本,为爬虫程序改进提供可能。所以,ChatGPT 与爬虫程序的协同运作并不是单方、单次的,而是能够相互促进,实现螺旋式增进的正反馈关系。这就使得 ChatGPT 在与爬虫程序协同过程中,其行为可能存在程序编写者无法预测的危害行为。本文以 ChatGPT 与爬虫程序协同运作作为研究对象,尝试探究其中危害行为的刑事风险以及相应规制措施。

一、ChatGPT 与爬虫程序协同运作的基本特征

ChatGPT 与爬虫程序协同运作主要有"以 ChatGPT 为主爬虫为辅的协同运作"和"以爬虫为主 ChatGPT 为辅的协同运作"两种运作模式。因 ChatGPT 和爬虫程序各自本身的运作模式特征以及两种模式在协同运作中相互作用的方式不同,两种运作模式的表现也同样截然不同。故此,在分类讨论两种运作模式之前,应当厘清 ChatGPT 与爬虫程序二者之间的关系。

(一) ChatGPT 与爬虫程序的区别及联系

ChatGPT 作为最具代表性的生成式人工智能,其运作主要基于预训练语言模型、上下文学习(In-Context Learning, ICL)、基于人类反馈的强化学习。④因此,ChatGPT 并没有"抓取"信息的功能,其只能基于已预设的文本或是人类反馈的文本学习。ChatGPT 强大的交互功能主要基于其处理文本以及生成文本的能力,诸如编程文本,其同样能够对应用户要求生成。相较于 ChatGPT,爬虫程序

---

① 参见房慧颖:《生成型人工智能的刑事风险与防治策略——以 ChatGPT 为例》,载《南昌大学学报(人文社会科学版)》2023 年第 4 期。

② 参见刘耀、刘茹、翟雨:《基于网页源码结构理解的自适应爬虫代码生成方法》,载《计算机应用》2023 年第 6 期。

③ See Javad Akbari Torkestani, An Adaptive Focused Web Crawling Algorithm Based on Learning Automata, 37 Applied Intelligence 586(2012).

④ 参见张熙、杨小汕、徐常胜:《ChatGPT 及生成式人工智能现状及未来发展方向》,载《中国科学基金》2023 年第 4 期。

的运行逻辑就较为经典,基于程序员预设的标准对数据进行有条件地"抓取"。

表1 ChatGPT与爬虫程序的区别

	运作逻辑	功　能
ChatGPT	读取→学习→生成	处理数据、生成文本
爬虫程序	预设→获取→记录	获取数据

基于上述表格不难发现,从运作逻辑到功能,ChatGPT与爬虫程序并无相似之处,两者是截然不同的两种事物。不过,两者并非毫无关联,相反二者能够形成紧密连接。前者的主要功能在于处理数据和生成文本,但缺乏数据的更新支持,主要通过预设数据和人类反馈提供数据;后者的主要功能在于抓取数据,但预设固定,一般的爬虫并不能自主地更新预设。因此,尽管两者的功能和运作逻辑并无相似之处,但是两者功能与缺陷之间却是互补的关系。

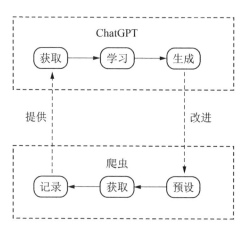

图1　ChatGPT与爬虫程序的联系

(二) ChatGPT与爬虫程序协同运作的类型

如上文所述,ChatGPT与爬虫程序能够形成互补的关系,因而可以衍生出两种协同运作的模式,即"以ChatGPT为主爬虫为辅的协同运作"和"以爬虫为主ChatGPT为辅的协同运作"两类运作模式。

首先是以ChatGPT为主爬虫为辅的协同运作模式。该模式下主要是ChatGPT的衍生行为,但与传统的ChatGPT不同的是,ChatGPT的数据能够实时地从网络上抓取或是从指定的原始资源库内抓取。该模式下又可大致分为四种类型:信息检索和提供型、问题回答和知识检索型、长期学习和更新型、个性化数据收集型。信息检索和提供型指的是,ChatGPT可以被视为一个前端接口,负责接收用户输入的查询内容,并将其转发给网络爬虫系统。网络爬虫系统会根据用户的查询请求,从互联网上抓取相关的信息,并将这些信息返回给 ChatGPT。随后,ChatGPT 会根据这些信息生成相应的回复内容,并呈现给用户。问题回答和知识检索型指的是,ChatGPT 可以利用网络爬虫技术对特定领域的网站、文档或数据库进行搜索,并从中提取相关知识,以便更准确地回答用户的问题。网络爬虫可以收集和整理数据,为 ChatGPT 提供所需的查询和回答信息。长期学习和更新型指的是,利用网络爬虫技术,可实现 ChatGPT 训练数据的定期更新,使其能够及时掌握最新内容与信息。网络爬虫可定时抓取新的文本及数据,对 ChatGPT 知识库进行更新与扩展,从而提升其回答的准确性与实用性。个性化数据收集型指的是,网络爬虫可以帮助收集特定用户或特定主题的数据,以满足 ChatGPT 对于个性化回复和指导的需求。这可以通过爬取用户的个人信息、偏好和行为,或者从特定网站或社交媒体平台收集特定主题的数据来实现。

其次是以爬虫为主 ChatGPT 为辅的协同运作模式。如前文所述,已有自适应爬虫或是增量式爬虫能够在爬取数据的同时进行爬取能力的提升。而正如本文所预料,在 2023 年 11 月 DevDay 的发布会上,ChatGPT 的创造公司 OpenAI 推出了其最新成果——GPTs,[①]GPTs 无须操作者编程,依照操作者提供的非编程的简单对话指令,即可制作个性化的软件。GPTs 能够生成较为复杂的软件可侧面说明,其有足够的能力生成可运行的爬虫代码。传统的爬虫程序能够在编程者的预期内进行数据的抓取,但以爬虫为主 ChatGPT 为辅的协同运作模式下的爬虫程序,可能会超出编程者自身的预期。

综上所述,无论是以 ChatGPT 为主爬虫为辅的协同运作模式,还是以爬虫为主 ChatGPT 为辅协同运作的模式,都存在全新的、不可预期的情形。面临 ChatGPT 所开启的全新领域,刑法在规制危害行为之前,应当对行为类型作出较为清晰的界分。

二、我国刑法对协同运作中的危害行为的规制

(一) 我国刑法对以 ChatGPT 为主爬虫为辅的协同运作中的危害行为的规制

以 ChatGPT 为主爬虫为辅的协同运作模式主要被细分为四种类型,即信

---

① See OpenAI, Introducing GPTs, https://openai.com/blog/introducing-gpts,访问日期:2023 年 11 月 10 日。

息检索和提供型、问题回答和知识检索型、长期学习和更新型、个性化数据收集型。然而本质上,其主要的模式还是以 ChatGPT 为核心,即获取、学习、生成三个阶段。因此,应当基于这三个阶段,对上述四类的运作模式进行研究。

1. 在信息检索和提供型的协同运作模式中,ChatGPT 尽管是形式上主要的运作方,但实际其仅作为前端服务器为用户传达指令和呈现原始数据内容,并未直接实施具体的抓取数据行为。对此,ChatGPT 对于实时数据的抓取技术是采取自我限制的态度,即用户无法在不更改 ChatGPT 工具的前提下,对实时的数据进行抓取。所以,ChatGPT 公司对此行为类型中的潜在危害知识产权型行为已尽其注意义务,ChatGPT 仅在此模式中充当前端的作用,不应负刑事责任。因此,信息检索和提供型的协同运作模式中的危害行为的研究主要聚焦于获取数据阶段。

在获取数据阶段,可能涉及的危害行为主要是不当获取数据信息行为。我国《刑法》对该类型行为的规制大致可分为爬取未公开信息和爬取公开信息。若爬虫对于未公开的信息进行爬取,行为可能触犯我国《刑法》第 217 条侵犯著作权罪、第 219 条侵犯商业秘密罪、第 253 条之一侵犯公民个人信息罪、第 285 条非法获取计算机信息系统数据罪等。这是因为未经授权获取未公开信息可能侵犯了信息所有者的权益,包括著作权、商业秘密和个人隐私等多个方面。若爬虫对公开的信息进行爬取,行为同样可能会触犯我国《刑法》第 217 条侵犯著作权罪、第 253 条之一侵犯公民个人信息罪、第 285 条非法获取计算机信息系统数据罪。

2. 在问题回答和知识检索型的协同运作模式中,与一般的 ChatGPT 不同的是,该协同模式下所获取的信息可以是实时的。如前文所述,抓取实时的数据背离了 ChatGPT 创造公司的运行规范,且该行为可能会引发的危险行为已有较为完整分析。按照 ChatGPT 分为获取、学习、生成三阶段分析,其行为的主要特征在于对获取的数据进行学习并回答用户问题。这种模式可能主要涉及侵犯知识产权类的犯罪,比如《刑法》第 217 条侵犯著作权罪。因为在获取和学习阶段中,如果使用了未经授权的受版权保护的信息,例如论文、书籍、专利等,就有可能会对知识产权类的法益造成侵害。再如《刑法》第 217 条规定,若协同运作的操作者以营利为目的,情节严重的应当追究其刑事责任,其中以营利为目的的行为不仅包含出售,还有以广告营利等其他牟利行为。①

---

① 最高人民法院、最高人民检察院、公安部《关于办理侵犯知识产权刑事案件适用法律若干问题的意见》"十、关于侵犯著作权犯罪案件'以营利为目的'的认定问题":"除销售外,具有下列情形之一的,可以认定为'以营利为目的':(一)以在他人作品中刊登收费广告、捆绑第三方作品等方式直接或者间接收取费用的;(二)通过信息网络传播他人作品,或者利用他人上传的侵权作品,在网站或者网页上提供刊登收费广告服务,直接或者间接收取费用的;(三)以会员制方式通过信息网络传播他人作品,收取会员注册费或者其他费用的;(四)其他利用他人作品牟利的情形。"

3. 在长期学习和更新型的协同运作模式中,长期学习和更新型主要涉及数据获取和处理,以提升 ChatGPT 的准确性和实用性。这种协同模式与其他协同模式不同之处在于,其并未将数据泄露或是用于牟利,而是通过"学习"的方式"消化"了文本数据。但值得注意的是,此类行为是否属于知识产权法中所说的学习用途,是该模式是否构成侵权的关键。ChatGPT 的学习行为主要包括:无监督学习(Unsupervised Learning)、监督学习(Supervised Learning)、人类反馈强化学习机制(RLHF)。[①]通过这三类学习环节的学习并非直接地将获取的数据运用于生成文本的信息之中,而是对其语言生成能力的提升,所以不应当认定为其具有侵犯知识产权的违法行为。若该模式的学习行为不构成违法,那也就自然不可能构成犯罪。因此,该协同模式下所能够抓取的数据范围相较之其他模式应当更加广泛。但该模式下仍可能触犯侵犯公民个人信息罪、非法获取计算机信息系统数据罪。例如所抓取的信息属于公民个人信息,尽管该模式下对信息的处理并非法律规制范畴,但因触犯《刑法》第 253 条之一侵害公民个人信息犯罪,抓取公民个人信息的行为人应当承担刑事责任。

4. 在个性化数据收集型的协同运作模式中,可能会引发涉及用户隐私权方面的问题。按照 ChatGPT 分为获取、学习、生成三阶段分析,该模式下的获取阶段以及生成阶段皆会存在危害行为。首先是该模式下的获取阶段,个性化数据收集型的协同运作模式之特点在于爬虫针对特定的数据库进行信息抓取,其针对性强,通常抓取数量较大。因此,个性化数据收集型的协同运作模式中可能会涉及侵犯公民个人信息罪、侵犯商业秘密罪、非法获取军事秘密罪等。以用户数据为例,如今各大平台的用户数据也成了平台的宝贵数据财产,行为人利用个性化数据收集型的协同模式对网站数个用户的用户信息进行数据收集,那么可能会造成数据持有方的软件应用公司的商业数据被窃取,最终造成其商业损失。

(二) 我国刑法对以爬虫为主 ChatGPT 为辅的协同运作中的危害行为的规制

以爬虫为主 ChatGPT 为辅的协同运作的特点主要在于爬虫程序的自我能力提升,其能力可能超出爬虫设计人或使用人的预期。当前我国刑法对于爬虫的刑事规制主要采取的是"双重标准式"的规制思路,即以"爬虫协议"(Robots

---

[①] 参见李翔、旷银:《ChatGPT 类人工智能及其生成物的刑法思考》,载《贵州师范大学学报(社会科学版)》2023 年第 4 期。

协议)作为对象不法、以"技术障碍"作为行为不法的认定标准。[①]其中的"爬虫协议",指的是由数据库管理者在其域内设置的协议,其特点是具有高度自治性。然而,这种数据控制授权并非等同于规范授权,在民事方面,这种"爬虫协议"甚至不属于合意合同,仅是单方意思表示,通常爬虫违反爬虫协议并不会直接构成违法。[②]因此,刑事司法中判断爬虫行为是否具有违法性实质判断在于爬虫是否突破了"技术障碍"。这种判断方式并非空穴来风,其与我国《刑法》第 217 条第 6 款之规定[③]类似。因此,"技术障碍"作为判断爬虫行为是否具有违法性的方式存在合理性和法律依据。

作为以爬虫为主 ChatGPT 为辅的协同运作模式,爬虫的行为并不是简单地按照既有的程序进行。由于 ChatGPT 能够作为爬虫程序更新的来源,爬虫的能力可能会随着 ChatGPT 对爬虫程序的改进而增强,爬虫设计程序员难以对该运作模式下的爬虫程序的运行能力作出预估。同时,爬虫程序在爬取数据的同时会遇到不确定的障碍,这类障碍由预设程序转化为不确定内容的文本发给 ChatGPT,并由其生成改进编程。以爬虫为主 ChatGPT 为辅的协同运作模式下,具有深度学习能力的爬虫程序的爬取能力将更加难以估算。

同时深度学习式爬虫程序面对"技术障碍"时,可能会出现爬虫程序直接跨越"技术障碍"的情形。例如,程序员设置深度学习式爬虫程序的目的是提高爬虫的抓取效率,结果其抓取能力远在"技术障碍"的水平之上。因此对于这类行为的定性仅从对象不法、行为不法的角度分析仍不足够,应该从刑法实质解释的角度对行为进一步评价。

三、刑法对协同运作中的危害行为的规制思路

当前有关爬虫和 ChatGPT 等生成式人工智能的刑法规制,缺乏对行为充分的实质判断,并且对于数据法益的保护存在扩张趋势。当下生成式人工智能发展迅猛,诸如 ChatGPT 等生成式人工智能发展已成为科技发展所趋,刑法应当在遵循罪刑法定原则的基础之上,保持刑法谦抑性的态度,并对行为采取充

---

① 参见刘宪权:《网络黑灰产上游犯罪的刑法规制》,载《国家检察官学院学报》2021 年第 1 期;杨志琼:《数据时代网络爬虫的刑法规制》,载《比较法研究》2020 年第 4 期。

② 参见石经海、苏桑妮:《爬取公开数据行为的刑法规制误区与匡正——从全国首例"爬虫"入刑案切入》,载《北京理工大学学报(社会科学版)》2021 年第 4 期。

③ 《中华人民共和国刑法》第 217 条第 6 款:未经著作权人或者与著作权有关的权利人许可,故意避开或者破坏权利人为其作品、录音录像制品等采取的保护著作权或者与著作权有关的权利的技术措施的。

分的实质解释。穷尽非刑法的前置法作为规制手段，力求实现刑法的最后手段性。根据行为本身，在现有的规制标准基础之上，进一步对行为作实质解释，以避免刑事司法对数据法益保护的扩张。

（一）刑法对协同运作中的危害行为的规制原则

ChatGPT 与爬虫程序协同运作是 ChatGPT 等生成式人工智能发展的必然趋势，而科技的发展过程中必然会出现科研人员意料之外的情形。刑法作为最严格的法律，其不仅要对社会中风险行为保持谨慎态度，还应当如同"慈父"般包容社会发展中无实质危害行为的存在。

1. 刑法对协同运作中的危害行为的规制应当遵守罪刑法定原则。罪刑法定原则作为刑事司法中最重要的基本原则之一，无论在何种情形之下都应当遵守。罪刑法定原则是刑法规制协同运作中的危害行为的底线。任何技术的发展都应当是在合法合规的前提下进行。

对于刑法规制而言，在规制协同运作时遵守罪刑法定原则是对刑事司法的巩固，这意味着罪刑法定原则是司法制度中最重要的原则之一。罪刑法定原则是指犯罪行为需要在法律明文规定并经刑事司法程序判决后才能确定罪名和刑罚，这是对刑事司法权力行使的重要约束和限制。刑法对这一原则的严格遵守不仅体现了法治精神和司法公正，也是对行为作出实质解释的重要保障。同时，刑法能够威慑犯罪行为的原因，除了在于刑罚是最严厉的法律处罚外，还由于其对罪刑法定原则的严格遵守。罪刑法定原则的遵守确保了犯罪行为的界定和处罚的合法性和公正性，这是刑法得以有效执行的基础，也是对执法者权力运用的有效限制。刑法作为法律的重要组成部分，依据罪刑法定原则，为司法实践和司法解释提供了权威的法律依据，保障了公民的合法权益，确保犯罪行为能够得到妥善处理。因此，刑法的强制力以及刑事司法解释的权威都来自刑事司法对罪刑法定原则的严格遵守。而在协同运作中，遵守罪刑法定原则对刑事司法的巩固至关重要，它保障了法律的公正和权威，确保了刑法的有效实施。当司法系统严格遵循罪刑法定原则时，才能对相应的行为作出实质的出罪解释。

对于科技而言，在规制协同运作时遵守罪刑法定原则是对科技发展的保障。随着生成式人工智能技术的发展，遵循罪刑法定原则成为科技领域的重要法律保障。虽然在严密法网之下，科技的发展可能会受到一定程度的约束，但正是这种严密的监管确保了生成式人工智能技术的合法、合规应用，避免了不当竞争和技术窃取行为。通过遵守罪刑法定原则，生成式人工智能技术能够在公平、良性的环境中竞争和创新,推动科技的长远发展。因此,严格遵守罪刑法定原则不仅可以为科技发展提供基本的司法保障,还能为生成式人工智能技术的健康发展提供支持,并推动科技领域的创新与进步。当然,科技领域的规制需要与时俱进,必须充分考虑生成式人工智能技术的特殊性和复杂性,合理平衡创新和规范,使其对科技的促进作用更加凸显。

对于社会而言,在规制协同运作时遵循罪刑法定原则是对社会风险的预防。生成式人工智能的发展已经超出了绝大多数人的想象,当前 ChatGPT 的发展过于迅猛,导致创始人 Altman 将 ChatGPT 的研发进度一度放缓。"风险是历史的产物,是人类活动及其疏忽的反映,是生产力高度发达的表现。"①因此,刑事司法对于生成式人工智能的发展应当保持审慎的态度,并保持其能够在法律的规制之内。由于 ChatGPT 等生成式人工智能的功能强大,其潜藏着刑事风险应当在刑法的视野范围之内,对于实质的危害行为坚决遵守罪刑法定原则,将风险控制在刑法所能控制的范围之内。

2. 刑法对协同运作中的危害行为的规制应当遵守保护科技发展原则。这意味着刑法在规制科技发展中的行为时需要保持审慎的态度,以便在规制有害行为的同时,不会过度限制科技的创新和发展。毋庸置疑,科技的发展常常意味着时代进步,但也潜在地带来了不可预测的风险。以汽车的发展为例,生活之中汽车已随处可见,但在汽车刚被制造出来时,人们无法想象在人群密集的城市之内,人们坐在汽车之中,穿梭在鳞次栉比的高楼之间。

作为生成式人工智能的代表,ChatGPT 的表现是现象级的,其给人们带来常人无法想象的强大文本生成功能。然而,ChatGPT 也引发了对于潜在风险和挑战的担忧。这种新兴技术的出现对刑法学提出了诸多问题和挑战。我们需要对 ChatGPT 等生成式人工智能进行深入研究,以更好地理解其功能和潜在风险。然而,是否需要对其进行严格规制还有待进一步讨论和研究。ChatGPT 与爬虫程序协同运作是 ChatGPT 等生成式人工智能发展的必然趋势,它对于社会而言是一种未知的新事物。对于科技发展中的新兴事物,即便是科研人员也同样会面临未知的结果。保护科技发展原则的核心不是否定刑法对科技发展的规制,而是在保证科技发展的前提下,以完善科技发展为核心,接受科技所带来的风险,并对其中发现的问题逐一规制。

3. 刑法对协同运作中的危害行为的规制应当遵守刑法谦抑性原则。刑法

---

① [德]乌尔里希·贝克:《风险社会:新的现代性之路》,张文杰、何博闻译,译林出版社 2018 年版,第230 页。

谦抑性的内涵包括刑法调整范围的不完整性、刑法统治手段的最后性、刑罚制裁方式发动的克制性。[①]之所以将刑法谦抑性原则作为刑法对协同运作中的危害行为的规制原则之一,是因为协同运作行为具有特殊的特性。

仅以协同运作行为而言,其具备必然性、必要性、民刑交叉性、风险性等特征。协同运作具有必然性和必要性的特点体现在,协同运作是 ChatGPT 等生成式人工智能技术发展的必然产物,且秉承着保护科技发展的原则,协同运作具备必要性;协同运作具备民刑交叉性的特点体现在,协同运作这类网络信息活动的规范法律通常以民事法、行政处罚法作为前置法;协同运作具备风险性的特点体现在,协同运作行为作为科学发展的新兴产物,其存在不可预期的风险可能。协同行为从其行为本身性质考虑,因其存在刑事风险,所以处于刑法规制范围内。然而,又因其本身具有风险性,危害行为的行为人主观恶性并不大。加之协同运作具备民刑交叉性,对于协同运作中的危害行为可以通过刑法与非刑法的路径进行规制。综合考虑上述协同运作的特性,刑法对协同运作中的危害行为的规制遵循刑法谦抑性原则正好契合上述特性。

刑法谦抑性原则能够为刑事司法对协同运作中的危害行为采取实质解释留有空间。刑法的谦抑性原则指导为民刑交叉行为指出了较为清晰的法律适用顺序,在实现社会控制和保护法益的过程中,将刑罚视为最后的手段,合理和有效地适用法律。

(二) 刑法对协同运作中的危害行为的具体规制

当前的 ChatGPT 等生成式人工智能的迅猛发展,及其与爬虫程序协同运作后能力的不可预测性,使得我国刑法在认定 ChatGPT 与爬虫程序协同运作中的危险行为时会出现扩张解释的情况。其主要原因在于对 ChatGPT 等生成式人工智能的"学习"行为的认定存在偏差,以及爬虫犯罪认定时"双重标准式"规制思路对危害行为缺乏充分的实质解释。基于这两类问题,并贯彻上述刑法对协同运作中的危害行为规制的原则,应当在认定 ChatGPT 与爬虫协同运作中的危害行为时采取实质解释,即刑法应当排除单纯获取行为的刑事责任,并对 ChatGPT 的"学习"行为作分类解释。

1. 排除单纯获取行为的刑事责任。如前文对 ChatGPT 与爬虫程序协同运作中危害行为分析所述,因 ChatGPT 等生成式人工智能强大的文本生成能力,其能够根据实际情况,显著提升爬虫程序的爬取能力。因此,ChatGPT 与爬虫

---

① 莫洪宪、王树茂:《刑法谦抑主义论纲》,载《中国刑事法杂志》2004 年第 1 期。

程序协同运作时其抓取行为会超出协同运作操作者的预期范围。当前,认定爬虫犯罪行为的"双重标准"——以"爬虫协议"和"技术障碍"作为入罪标准实际上降低了爬虫犯罪的入罪门槛,刑法应当保持谦抑性,同时也应当正确看待民刑法律之间的关系。"行为具有民事违法性不能直接作为认定行为具有刑事违法性的依据",[①]对于民刑衔接的部分不能简单地将民事法中的标准直接套用在刑事犯罪认定上,而应当对认定行为作进一步的刑事判断。从协同运作为危害行为的主观层面,应考虑危害行为行为人本身是否具备主观上的恶意,并且尽其注意义务;从协同运作为危害行为的客观层面考虑,应当从数据法益角度对实害作实质解释,以免犯罪圈的扩张。

首先是协同运作的主观层面。如前文所述,协同运作中以爬虫为主ChatGPT为辅的运作模式中,爬虫的爬取能力会因其所处环境作出程序上的更迭。而当前的"双重标准"规范思路仅是从行为不法以及客体不法作出判断,并没有对行为人主观作出判断。因此,现有的标准之下,协同运作由于其可能存在主观上的无法预期,进而可能会对数据进行非合规的抓取。同时还应当对主观过错的认定作限缩解释,正如前文所述,民事上的不法性并不能直接作为刑事不法的标准,否则会出现犯罪圈扩张的情形。诚然,"双重标准"在民法上具有司法指导上的重要意义,但是对其运用还应当充分考量实际运用的合理性。在"双重标准"规范中"爬虫协议"是否存在法律上的约束力,刑法上还是存在争议。有的学者认为,"爬虫协议"本质上是单方的意思表示,是一种宣示性的条款,并不对他人产生法律上的约束力,所以民法上并不会规制违反"爬虫协议"的行为,进而刑法上就更不应该追求此类行为的刑事责任。[②]本文大致认同这一观点,但不必完全否认"爬虫协议"在刑事认定上的价值,可以将"爬虫协议"作为认定标准的充分条件。

其次是协同运作的客观层面。协同运作中对于数据获取的主要行为是爬取行为,并且大部分的爬取行为是自主的。对于协同运作中单纯的数据获取行为,不应当认定为对数据法益造成了侵害。在协同运作的过程中,由于其抓取能力过高,会对受到法律保护的数据进行无差别地抓取。此时,对于此类单纯的获取行为,应判断行为是否对数据法益造成实质上的损害。诸如《刑法》第217条所规定的前提是"以营利为目的",或是《刑法》第253条之一规定的需要

---

① 房慧颖:《刑法谦抑性原则的价值定位与规范化构造——以刑民关系为切入点》,载《学术月刊》2022年第7期。

② 参见石经海、苏桑妮:《爬取公开数据行为的刑法规制误区与匡正——从全国首例"爬虫"入刑案切入》,载《北京理工大学学报(社会科学版)》2021年第4期。

以将公民个人信息出售或是提供给他人等行为作为认定依据。因此,单纯获得数据的行为在《刑法》之中并不构成犯罪,该行为并不会对数据法益造成实质的侵害。为了正确应用《刑法》第 285 条的规定,应当综合考虑《刑法》第 13 条但书对行为的社会危害性的规定。因为,"但书体现的是主体对行为事实分析后得出的综合价值判断,即情节显著轻微危害不大的行为,不构成犯罪……一定的行为事实只是客观现象,无法说明自身在刑法上的意义,还要经过主体的认识和需要的分析"。[①]而在协同运作中,单纯的获取行为并不会造成实质的危害结果,并且行为人主观恶性不大或是没有,情节显著轻微危害不大,所以对单纯的获取行为应当作刑事责任的减免。

2. 刑法应当对 ChatGPT 的"学习"行为作具体区分。对 ChatGPT 本身及其协同爬虫运作中的危害行为的认定,关键在于对 ChatGPT 的"学习"行为的认定。因此,刑法在规制 ChatGPT 与爬虫程序协同运作中的危害行为时,应当针对"学习"行为的不同,作出相应的判断。根据前文对 ChatGPT 与爬虫系统协同运作模式的分类讨论研究,可将 ChatGPT 中的"学习"行为分为"加工处理的学习行为"和"未加工处理的学习行为"。

首先是加工处理的学习行为。根据 ChatGPT 学习机理分析,ChatGPT 等生成式人工智能对数据资源并不是简单的引用,而是基于大规模语料库进行训练的预训练模型(Pre-trained Model),使用大量的文本数据进行无监督学习。在这个过程中,模型学习了语言的潜在规律、语法结构、单词之间的关联等。这种对资源的分析方式解构了文本资源,应当认定为是一种学习行为。暂不考虑 ChatGPT 的作品是否为智力成果,ChatGPT 的学习行为与简单的文本储存和直接使用并不相同,所以其所创作出的作品应当具备独创性。[②]因而,其"学习"行为并不存在抄袭或复制,而是一种对知识的解构行为。若其不构成违法行为,也就不应当直接认定其为犯罪行为。

其次是未加工处理的学习行为。未加工处理的学习行为实质上就是对数据的收集并直接将数据输出。这种行为并非真正意义上的学习,而是将获取的数据进行储存,并在生成时简单地使用。此类行为从民事法角度来看,不会被认定为学习行为。因此,对于该行为是否会侵犯知识产权或是数据信息安全法益,应当按照正常的法律规定对其评价,不宜认定为学习行为,更不宜认定其输出的内容具备独创性。因而,此类行为存在触犯《刑法》第 217 条侵犯著作权罪

---

① 彭文华:《〈刑法〉第 13 条但书与刑事制裁的界限》,中国人民大学出版社 2019 年版,第 72 页。

② 李翔、旷银:《ChatGPT 类人工智能及其生成物的刑法思考》,载《贵州师范大学学报(社会科学版)》2023 年第 4 期。

的可能。

综上所述,对于 ChatGPT 应当分析其对数据的"学习"行为的类型,进而判断 ChatGPT 的数据处理行为是否侵害了刑法对著作权和信息数据等法益的保护。

结　语

ChatGPT 等生成式人工智能的发展已成科技趋势,其带来科技便利的同时也带来了风险。刑法作为维护社会秩序的重要法律,应当对其有敏锐的嗅觉,并将其作为研究、规制的对象。同时刑法也应当在遵守罪刑法定原则的同时,保持其法律谦抑性,以实现科技的合规、自由发展为核心,寻求合理、有效的刑法规制。本文对于我国当前对 ChatGPT 与爬虫程序协同运作中的危害行为的规制路径进行了研究,从原则和具体操作上提出了更为合理、有效的路径思路。

预防目的导向下生成式人工智能犯罪中过失犯的刑事规制

张　锐*

内容摘要　生成式人工智能在当今社会产生数据信息风险、知识产权风险和声誉名誉受损等刑事风险。在平衡科学技术进步和预防犯罪目的时,生成式人工智能的研发者和使用者的过失犯罪行为极易受到刑事否定性评价。在判定生成式人工智能过失犯不法内涵时,需要通过因果关系理论判断行为人的实行不法行为。按照条件论和相当因果关系论无法恰当规制过失犯,客观归责理论中被容许的风险理论更适合分析生成式人工智能过失犯的不法内涵。以预见可能性为核心的主观归责结构,无法应对生成式人工智能犯罪的技术原理风险。对此,需要转型为以规范性评价为核心客观归责结构,首先先验性地设定生成式人工智能相关主体的规范性义务,并以行为人所认识的事实作为判断基准。

关键词　生成式人工智能　因果关系理论　结果的预见可能性　客观归责理论

一、问题的提出

自 2022 年 11 月 OpenAI 推出聊天生成式人工智能 ChatGPT 以来,仅短短两个月内就吸引了全球上亿用户的热情应用,继 AlphaGo 之后再次掀起了人工智能领域的热潮。在此之后,我国众多互联网巨头也纷纷加入人工智能竞赛,如百度的文心一言和京东推出的 ChatJD 等产品。①尽管目前仍有一些对生成式人工智能技术研发的质疑声音,但时代的发展并不受个人意愿左右。人工智能技术的迅速发展甚至预示着人类可能很快步入人工智能生活化的时代。

生成式人工智能具有卓越的数据处理功能,一方面,它在司法裁判实践中能够协助类似案件的裁决,推动司法裁判过程更高效和公正。②另一方面,生成

---

* 张锐,上海政法学院硕士研究生。

① 参见蔡士林、杨磊:《ChatGPT 智能机器人应用的风险与协同治理研究》,载《情报理论与实践》2023 年第 5 期。

② 参见周维栋:《生成式人工智能类案裁判的标准及价值边界》,载《东方法学》2023 年第 3 期。

式人工智能的出现也给我国社会治理带来巨大的风险和挑战。生成式人工智能可能导致数据泄露、侮辱诽谤、信息侵犯等新型风险,同时,犯罪分子将其用作工具,使传统犯罪更加智能化,对社会秩序造成更为严重、广泛的侵害。

虽然目前尚未在实际领域中发生生成式人工智能犯罪的严重不法后果,但刑事理论作为指导司法裁判实践的重要工具,其研究应当领先于犯罪的实际发生。在人工智能时代,我们应秉持前瞻性的刑法理念。[①]相比于研究如何对前瞻性的生成式犯罪结果进行"惩处",如何在法益侵害结果出现之前进行"预防",从根本上控制生成式人工智能犯罪行为的出现似乎更为关键。因此,本文将通过分析生成式人工智能风险的运作机制,以预防为导向,探讨生成式人工智能犯罪主体应承担的刑事责任,以期望在源头上阻止客观不法行为的发生。

二、生成式人工智能刑事风险的逻辑原理和责任主体

(一) 生成式人工智能的技术原理

ChatGPT 聊天生成式人工智能技术在社会各领域引起广泛关注主要源于其展现的逻辑能力和思维能力,仿佛在模拟人类的大脑。通过语言文字的排列组合,使用者能够感受到一定的"情绪"流露,这标志着人工智能由 1.0 时代迈入 2.0 时代。根据 2023 年 8 月 15 日施行的《生成式人工智能服务管理暂行办法》,生成式人工智能具有自我学习能力,其可以根据特定的规则在一定的基础数据上生成大量相关、创新的文本、图片、音频、视频等新的数据。[②] 例如 ChatGPT,实现了真正的"人工智能内容生成"(AIGC),可以通过文本生成、代码生成、逻辑推理、多语种翻译等功能生成新的数据。[③]根据 OpenAI 官网发布的信息,GPT-4 在本质上具有更接近人类通用智能的特征。具体而言,这包括类似于人类输出创造协作的能力、处理分析视觉输入的能力,以及处理分析超长文本的能力等。[④]生成式人工智能不仅仅局限于自然语言处理,还包括计算机视觉、多模态大模型等领域。ChatGPT 在自然语言处理领域的突破是其中的创

① 参见刘宪权、房慧颖:《涉人工智能犯罪的前瞻性刑法思考》,载《安徽大学学报(哲学社会科学版)》2019 年第 1 期。

② 参见肖峰:《生成式人工智能与数字劳动的相互关联——以 ChatGPT 为例》,载《学术界》2023 年第 4 期。

③ 参见冯志伟等:《从图灵测试到 ChatGPT——人机对话的里程碑及启示》,载《语言战略研究》2023 年第 2 期。

④ 参见刘宪权:《ChatGPT 等生成式人工智能的刑事责任问题研究》,载《现代法学》2023 年第 4 期。

新之一。

生成式人工智能的研发和应用主要涉及三个阶段,包括数据收集、模型训练和评估优化。第一阶段,数据收集。生成式人工智能的数据通常来自使用搜索引擎、网站爬虫等工具从互联网上、数据库收集的相关数据。在这一阶段,数据收集者首先需要清理数据,去除不相关或错误的信息,以确保训练数据的质量。其次,数据收集者需要针对不同类别或特征的样本保持平衡,以防止模型在某一方面过度偏向。数据标注者则需要对数据进行标注,添加标签或其他指导信息,以帮助模型更好地学习。第二阶段,选择模型结构并且训练模型,生成模型结构通常有生成对抗网络(GAN)、变分自编码器(VAE)等。生成对抗网络使其具备更强的自然语言处理能力和更高效的训练速度,并且节省了大量资源。生成对抗网络是一种通过两个神经网络相互博弈学习的生成模型。它能够在没有标注数据的情况下进行生成任务的学习,由生成器和判别器相互对抗、不断学习,使得判别器无法判断生成器的输出结果是否真实。[①]正是通过训练模型阶段,使生成式人工智能模型具有泛化能力,即其对未见过的新数据也能作出准确的预测或生成,这也是生成式人工智能创新能力的来源。第三阶段,评估和优化阶段是生成式人工智能逻辑能力诞生的关键步骤,数据标注者在此阶段需要标注数据,提供模型训练和评估所需的标签。

在这些阶段中,算法的选择和调整主要发生在模型训练和评估优化阶段。生成式人工智能的"算法黑箱特性",使我们难以精确理解其生成数字文本的内在逻辑。同时,考虑到生成式人工智能所收集的数据信息存在价值偏向,这导致生成的内容很可能具有一定的伦理道德风险。[②]总体而言,生成式人工智能技术以 ChatGPT 为代表,标志着人工智能进入新时代,突破性的创新和广泛的应用前景使其成为未来人工智能发展的重要方向。

(二) 生成式人工智能犯罪的潜在刑事风险

生成式人工智能展现高效、创新能力的同时,也引发了一系列潜在的刑事法律风险,主要包括数据、信息风险、知识产权风险和声誉名誉受损的风险。这些风险的刑事责任归属问题涉及数据收集者、算法研发者、数据标注者、生成式人工智能使用者等多个主体。

首先,数据、信息风险是生成式人工智能最大的潜在风险。由于生成式人

---

① 参见李振林、潘鑫媛:《生成式人工智能背景下数据安全的刑法保护困境与应对——以 ChatGPT 为视角的展开》,载《犯罪研究》2023 年第 2 期。

② 参见何静:《基于 ChatGPT 的智能传播发展挑战与应对策略》,载《阅江学刊》2023 年第 3 期。

工智能模型的构建需要不断获取新的数据,而这些数据通常是"算法黑箱",来源无法确信,可能涉及个人隐私、国家安全等敏感信息,生成式人工智能在通过网络爬虫收集数据时,可能非法侵入他人内部的计算机信息系统收集数据,造成商业秘密、数据泄露的危险。2023 年 3 月 25 日,OpenAI 曾公开承认,部分用户确实在使用 ChatGPT 时看到了其他用户的相关个人信息。生成式人工智能技术的完善与进步需要大规模的信息数据作为基础,这导致生成式人工智能信息数据扩张和信息数据安全保护出现矛盾。①其次,知识产权风险是另一个潜在风险。生成式人工智能生成的新图像、视频、音频等,可能基于大量受著作权保护的原作品。然而,由于算法黑箱的存在,外界无法确认生成的内容的确切来源,这可能导致侵犯著作权的风险。对此,数据标注者在生成过程中提供反馈,可能导致生成内容更接近受知识产权保护的作品。美国一家工作室开发的 Midjourney 通过生成式人工智能进行 AI 绘画。当前,已经有不少机构和个人起诉该公司,指控其涉嫌广泛地侵犯知识产权。②最后,声誉名誉受损的风险也是需要考虑的问题。生成式人工智能的输出可能包含对使用者的侮辱性言论,而由于庞大的训练数据,其中可能包含不真实、不准确的信息,从而导致对个人、组织声誉名誉的严重损害。这涉及使用者的道德伦理问题,同时也与数据标注者在提供反馈时对道德标准的影响有关。

(三) 生成式人工智能主要涉及过失犯罪

在生成式人工智能刑事风险扩张的背景下,需要明确刑事责任的归责,避免生成式人工智能相关主体遭受非难,从而影响科学技术的进步。具体来说,可能需要判断以下几个主体类型是否需要对生成式人工智能风险承担刑事责任:

第一,生成式人工智能的研发者。算法研发者在设定生成式人工智能的运行机制时,需在算法开发过程中考虑可能的风险,并设定相关禁止行为,以防止生成式人工智能在运行时产生危害结果。但是生成式人工智能往往是多个团体分工合作共同研发,因此,算法所导致的刑事风险不太可能是由某个特定研发者单独故意实施,通常是行为人过失导致的。

第二,生成式人工智能的数据收集和标注者。数据收集者和标注者在提供反馈时,对生成式人工智能的"性格"或者"伦理道德"有一定影响。数据收集者

---

① 参见盛浩:《生成式人工智能的犯罪风险及刑法规制》,载《西南政法大学学报》2023 年第 4 期。
② 参见赵觉程:《人工智能绘画,惊喜伴着争议》,载《环球时报》2023 年第 8 版。

和标注者往往数量极其庞大。尽管数据收集者和标注者有故意进行不法行为的可能，但是其不法程度无法达到刑法的社会危险性程度。对此，数据收集者和标志者的行为无法受到刑法规范的评价。

第三，生成式人工智能使用者。使用者在和生成式人工智能交互过程中发出的具体指令与生成式人工智能研发者、生产者事先收集的数据和制定的算法的作用一样，均对生成的文本内容结果具有较大的影响。[1]生成式人工智能使用者常将其作为犯罪工具，实施网络诈骗犯罪行为。对此，无需从规范上进行新的解析，按照传统犯罪的规制模式对其进行定罪处罚即可。而生成式人工智能使用者在交互过程中过失造成的危险结果，是否需要刑事归责仍然要进一步论证。

第四，生成式人工智能本体。作为一种智能系统，生成式人工智能在与用户的互动中，如果生成内容涉嫌违法犯罪，可能需要承担相应的刑事责任。尽管生成式人工智能在许多领域取得了显著的进展，但按照强、弱人工智能的分类，生成式人工智能仍属于弱人工智能的范畴。生成式人工智能只能在特定领域内发挥文本生成作用，无法直接应用于真实的物理世界，这使得其功能无法实现强人工智能的通用性。对此，生成式人工智能仍然处于模仿人类智能的阶段，生成式人工智能不能视为具有刑事责任能力。刘宪权教授同样主张ChatGPT类型的生成式人工智能不具备刑事责任。[2]通过上述分析，可知利用生成式人工智能故意实施犯罪的并不存在理论上的刑事归责障碍。但是生成式人工智能研发者和使用者过失实施的犯罪行为，传统过失犯的归责理论能否适用存疑。对此，需探寻在预防犯罪视角下，生成式人工智能犯罪过失犯的归责逻辑和归责结构，实现罪责自负原则和罪责相适应原则。

三、生成式人工智能过失犯的客观因果关系判定方式

生成式人工智能过失犯承担刑事责任的前提在于，行为人实施了侵害法益的符合构成要件的不法行为。行为主体的危害行为能否评价为刑法意义上的不法行为，需要经过因果关系理论的检验。生成式人工智能过失犯与传统过失犯有着显著的差异，生成式人工智能犯罪必然涉及多犯罪主体共同作用。此

---

[1] 参见杨俊蕾:《ChatGPT:生成式 AI 对弈"苏格拉底之问"》，载《上海师范大学学报（哲学社会科学版）》2023 年第 2 期。

[2] 参见刘宪权:《生成式人工智能对数据法益刑法保护体系的影响》，载《中国刑事法杂志》2023 年第4 期。

外,生成式人工智能领域的过失犯的法益侵害结果更为严重。风险社会下,社会公众的安全感受到严重威胁,促使刑法功能由惩罚犯罪行为转换为威慑犯罪行为人,从而实现刑罚的犯罪预防目的。预防视角下,客观因果关系的认定的关键在于如何衡量"自由"和"安全"理念。在意识到平衡自由权利和公众安全的预防犯罪下,通过对传统因果关系厘清,分析生成式人工智能过失犯因果关系的判定方式。

(一) 传统因果关系理论的观点展示

1. 必然因果关系说和偶然因果关系说。必然因果关系说认为,只有当危害行为包含着危害结果产生的根据,并合乎规律地产生结果时,该行为和结果是必然因果关系,即刑法意义上的因果关系。①必然因果关系忽略介入因素对于犯罪过程的影响。另外,必然因果关系说不当地限制了因果关系的范围。②为弥补必然因果关系说的缺陷,偶然因果关系说随之出现。偶然因果关系说强调介入因素,若因果关系发展过程中,偶然介入了其他因素,该介入因素合乎规律地引起结果发生,那么该介入就阻断了原因果关系进程。此时,介入因素与结果是必然因果关系。偶然因果关系尽管在一定程度上弥补了必然因果关系说的缺陷,但是偶然因果说中的"行为根据"和"规律概念"过于抽象,无法正确指导司法实践裁判。

2. 条件说。条件说认为在行为与结果之间,如果存在着"无 A 即无 B"的关系,则存在刑法上的因果关系。③条件说忽视了不同行为之间的法益侵害性程度的区别,也忽视了不同行为于危害结果发生的作用力大小,导致因果关系的功能与作用在不法阶层无法充分发挥,采取条件说的因果关系进行判断,会无限扩张刑法的适用范围,导致犯罪圈的肆意扩张。

3. 相当因果关系说。以条件说为基础发展的相当因果关系说,主张按照社会一般人的经验,来判断该行为产生结果是否应当。其中又存在客观说、主观说、折中说。客观说以行为人是客观存在的一切事实为基础判断因果关系;主观说以行为人在行为当时所认识的事实为标准;折中说以社会一般人所认识的客观事实为基础,再结合行为人主观所认识的特别事实进行判断。相关因果关系说无论是"社会一般人"还是"相当性"的判断都缺乏一致标准,过于依赖行为人的主观认识来判断客观行为的不法程度,会导致不法层面和责任层面的认定

① 参见周光权:《刑法中的因果关系和客观归责论》,载《江海学刊》2005 年第 3 期。
② 参见高铭暄等主编:《刑法学》,北京大学出版社、高等教育出版社 2000 年版,第 84 页。
③ 参见周光权主编:《刑法总论》(第四版),中国人民大学出版社 2021 年版,第 119 页。

混淆,使不法层面的法益侵害认定缺乏客观支撑,不利于犯罪论的逻辑构建。

4. 客观归责理论,客观归责理论是该行为与结果具有因果关系,需行为造成的结果引起了法律禁止的危险,且该危险引起的结果需属于构成要件。[①]客观归责理论从规范角度对于原因行为进行界定,摒弃了相当因果关系说对于纯粹事实经验的判断,而是通过引入"禁止的危险"理论来限定犯罪圈的扩张。与相当因果关系说不同,客观归责理论不依靠行为人的主观因素进行判断,而是严格限制主观因素在不法阶层的作用,主张按照客观规范来进行因果关系的判断。

(二) 生成式人工智能犯罪客观行为不法内涵的判定

生成式人工智能之所以对于社会造成风险,源于介入因素,生成式人工智能的研发者和使用者在交互过程中,生成式人工智能的数据、算法和模型会不断优化。对此存在的问题是,多重性介入因素不断发生。若采取偶然因果关系说,在司法实践中将需要不断判断介入因素的实行行为导致最后结果的发生可能性,介入因素的异常性的大小以及介入因素对于结果发生的作用力。因此,偶然因果关系说不利于指导生成式人工智能过失犯的司法裁判。条件说的适用前提在于,行为人已经事先预知到了何种行为将发挥何种作用,即该条件的认定是先验性的,而人工智能时代并无法预知生成式人工智能研发者行为的作用。若采取条件说的方式进行因果关系的认定,将扩张法官的自由裁量权,根据法官的主观心证来证明客观不法行为的存在,不具有正当性。[②]在人工智能犯罪中,若采取条件说的判断规则,将导致所有的研发者和使用者都受到刑事法律评价。这会严重造成人工智能技术发展的迟缓,也不符合罪刑相适应原则。尽管条件说通过界定实行不法行为或者在责任阶层进行限制来缩限刑事责任范围,但是条件说无法从"量"上对条件行为的不法侵害行为进行区分。

而相当因果关系说要求依据社会一般人的生活经验认定行为与结果的因果关系。即并非所有条件都会成为因,通过筛选符合相关性条件的因,才可以成为因果关系评价过程中造成果的因,规范意义上的因。通常意义上,"客观说"以行为时客观存在的全部事实为判断基准,对于行为时存在的危险和行为后发生的介入行为存在不同的判断基准。客观归责理论即当行为产生了法不允许的危险,最终由禁止的危险产生了危害结果,该结果可以归咎于行为。客

---

① [德]海因里希·耶塞克、托马斯·魏根特:《德国刑法教科书(总论)》,徐久生译,第350—352页。
② [意]杜里奥·帕多瓦尼:《意大利刑法学原理》,陈忠林译,法律出版社1998年版,第12页。

观归责理论中,归因和归责呈现分离趋势,这一理论分为事实判断和规范判断两个层面,以客观归责判断取代因果判断。被容许的风险理论影响刑法归责的认定。被容许的风险指虽然行为对被侵害人的财产安全、身体健康和生命安全等法益具有一定的侵害危险,但是为了维护现代共同的生活,就要容许危险在一定范围内存在。①被容许的危险的实质依据在于,价值判断中社会群众为实现整体秩序和利益,愿意承担相当程度上的风险,从而阻却危险行为的不法。适用"被容许的危险"理论的关键在于,确定被容许风险的具体判断标准。符合法规范的判断标准是,行为达到了法规范要求的谨慎程度、行为维护了宪法上公民的基本权利和行为遵守了其他社会子系统的归责。②因此,在生成式人工智能犯罪中,客观归责理论中通过利用"被容许的风险理论"能够有效评价和衡量行为人的不法实行行为。

四、生成式人工智能过失犯的归责结构转型

(一) 传统过失犯的归责结构不利于实现社会预防

我国《刑法》第 15 条规定,"应当预见自己的行为可能发生危害社会的结果,因为疏忽大意而没有预见,或者已经预见而轻信能够避免,以致发生这种结果的,是过失犯罪"。传统犯罪规制以故意犯罪为主,过失犯罪为例外。故意犯通过认识因素和意志因素从而衡量行为人的主观罪过,认定行为人的社会危险性,并且以行为人的意志因素作为核心认定行为人的主观恶性。但是若采取故意犯认定行为人主观罪过的方式来界定过失的主观罪过存在抵牾之处,过失犯并不存在主观恶性,若采取故意犯的认定方式将使过失犯在责任阶层的归责的逻辑起点不具有合理性。曾有专业学者指出,在对过失犯罪行为进行论证时,存在可能导致循环论证和颠倒责任顺序的问题,这使得确认过失行为变得困难,缺乏明确的标准。③过失犯中过于自信的过失和疏忽大意的过失,一是违反结果的预见义务,另一是违反结果的避免义务。把握过失犯的核心在于把握疏忽大意的过失和过于自信的过失在实体层面的共性为何。传统过失犯以行为

---

① 参见王雅佳:《科技创新的刑事风险类别与刑法介入的限度》,载《大连理工大学学报(社会科学版)》2022 年第 4 期。

② 参见喻浩东:《被容许的风险——法理表达与实践展开》,载《法制与社会发展》2022 年第 6 期。

③ 参见郑世创:《过失犯构造问题检讨》,载陈兴良主编:《刑事法评论》(第 28 卷),北京大学出版社 2011 年版,第 107—108 页。

人主观的预见可能性作为核心进行归责。

刑法体系的演进日益强调事前预防,反映了社会治理机制的变革。以预防为导向的刑法体系已成为风险社会治理的关键组成部分。生成式人工智能时代,公众对风险控制和安全问题的关切推动了刑法体系目标的基本调整,使其不可避免地朝着预防刑法的方向发展。①传统过失犯以结果的预见可能性进行主观归责,无法适应生成式人工智能的复杂因果流程,结果的预见可能性难以准确判断。对此可发现传统过失论侧重于主观结果归责,强调行为人对于构成要件结果的预见可能性。传统过失犯理论的主观因素判断过于抽象,不通过客观因素难以认定过失犯的刑事责任。生成式人工智能的行为涉及更为复杂的技术和算法,主观因素的判断更难以准确实现。无论如何,刑法教义学一直面临如何在其科学方面与日常生活之间建立一种有效的沟通与平衡的挑战。鉴于社会科学技术的不断变迁,要弥合规范理论与现实生活之间的鸿沟,必须使概念更贴近生活现实。②在解决风险社会对过失犯的归责需求时,需要转向更为现代化和灵活的归责结构。

(二) 生成式人工智能过失犯的归责结构转型

1. 主观归责结构向客观归责的转变

在风险社会的语境下,考虑到以预见可能性为核心的主观责任机制存在功能性缺陷,过失犯的责任结构势需进行调整与变革。正如同生成式人工智能因果关系的判断标准为客观归责理论,生成式人工智能风险下,传统过失犯的主观归责结构无法实现刑罚的预防犯罪目的。在人工智能时代,主观归责结构将行为人是否具有结果预见可能性视为行为人对因果关系是否具有支配可能性。然而,在生成式人工智能犯罪中,行为人与行为呈现出分离的模式,同时还存在复杂的因果关系和介入因素,这导致了行为人对于结果的实际作用力降低。

客观归责结构的转型仅限于过失犯领域,不包括故意犯。客观归责理论之所以能够在过失犯中得到充分适用,在于其削减了主观构成要件在该当性判断中的重要性,使得构成要件层面的判断重心由主观要件转移至客观要件,这充分满足过失犯归责结构从主观向客观转变的需要。③过失犯的客观归责结构关键在于将行为人与理性第三人进行对比,揭示出行为人在理性标准下的失控状

---

① 参见劳东燕:《风险社会与变动中的刑法理论》,载《中外法学》2014 年第 1 期。

② 参见陈辉:《德国法教义学的结构与演变》,载《环球法律评论》2017 年第 1 期。

③ 参见林钰雄:《新刑法总则》(第 3 版),元照出版有限公司 2011 年版,第 177 页。

态,从而使其成为刑法谴责的对象。[1]因此,客观归责判断的关键不在于行为人是否对相应的侵害结果具有预见可能,而是危害结果是在规范所预防目的的范围之内。换言之,在客观归责的判断中,无需考虑预见可能性的因素。风险实现与否的判断关键在于,事后查明的行为所制造的不容许风险是否一直对最终结果的发生发挥着现实的作用力。[2]对此,亟须在符合预防目的和惩罚正当性原则的前提下,进行过失犯刑事责任的合理规制。

2. 客观归责结构以规范性评价要素为核心

预见结果可能性不能成为客观归责结构的核心要素。对结果的预见可能性进行主观评价与客观归责的结果避免可能性相比,不具备风险预防作用。根据客观归责理论,过失犯需满足两个条件:行为人需承担注意义务,并通过其行为造成不被容许的风险。这两者需要第三方进行规范性评价,即理性第三人通过价值评价判断何种风险为不被容许,以及行为人需承担何种注意义务。注意义务和不容许的风险实质上是一体两面的。行为人违反注意义务和造成不容许风险构成归责,无需其实际侵害法益。在生成式人工智能时代,风险归责不再是问题,更为复杂的是风险分配问题。若依靠纯粹主观的评价和经验,无法解决新型的尚未发生实际侵害结果的生成式人工智能犯罪。因此,需采取两个阶段进行客观归责认定。第一阶段,设定生成式人工智能相关主体的规范性义务。在生成式人工智能时代,归责结构需关注行为人对风险的实际管理能力,结合规范归责和风险管理,考虑行为人是否违反社会、国家规范所赋予的特定义务,并考虑其对风险的管理能力。风险社会需要灵活的归责结构。第二阶段,以行为人所认识的事实作为判断基准,事后判断行为人是否遵守事前规范。基于生成式人工智能"算法黑箱"的特性,若以事实探查的全部事实认定,将会造成犯罪圈的扩张,不利于过失犯的责任规制。在生成式人工智能时代,在行为前设置安全性规范更符合预防性刑罚思想,使归责结构更有针对性和适应性。

结　　语

随着生成式人工智能技术的不断发展,其在人类社会的作用和人工智能领域中的地位日益凸显。生成式人工智能已经对基础生产工具和社会生产关系

---

[1] 参见劳东燕:《罪责的客观化与期待可能性的命运》,载《现代法学》2008 年第 5 期。

[2] 参见劳东燕:《过失犯中预见可能性理论的反思与重构》,载《中外法学》2018 年第 2 期。

产生了深远影响，为社会生产力迈向质的飞跃提供了动力。在生成式人工智能广泛应用的时代，数据信息的价值愈发巨大，被视为类似于"石油"般的重要资源。为了合理防范刑事风险，预防生成式人工智能犯罪的发生，并在技术进步中保持平衡，必须谨慎制定相关法规。如果刑法对生成式人工智能的研发者和使用者实施不当的规制，可能会妨碍技术的进步。因此，有必要确保刑法作为"社会保障法"保持谦抑性，同时在法秩序统一的原则下建立系统性的人工智能法律体系。

理论前沿

非法获取计算机信息系统数据罪的适用困境及出路

谭智欣*

内容摘要 非法获取计算机信息系统数据罪的实务适用中，存在数据范围泛化、实行行为过窄的问题。数据除作为信息的载体，其本身内容也具有独立价值。非法获取计算机信息系统数据罪保护数据的本身价值，即数据安全法益，包括数据的保密性、数据的完整性和数据的可利用性。未侵犯数据安全法益或侵犯其他传统法益的，不应该认定构成非法获取计算机信息系统数据罪。应解除非法获取计算机信息系统数据罪的行为类型限制，并增加规制破坏数据和滥用数据的行为，使之能够规范实践中复杂的侵犯数据行为。

关键词 非法获取计算机信息系统数据罪　数据犯罪　数据安全

一、问题的提出

随着"Web3.0"时代的到来，数据承载的信息呈现多元化，传统犯罪开始以数据为载体，侵犯数据的行为层出不穷，数据犯罪的社会危害性随之变大，数据安全变得愈发重要。立法上，我国对数据刑法保护的明文规定只有《刑法》第285条第2款非法获取计算机信息系统数据罪。基于立法时代背景，非法获取计算机信息系统数据罪着重于计算机系统安全的保护，被规定在计算机系统犯罪中。我国对"数据"的范围没有明确的规定。司法上，我国实务中将不属于非法获取计算机信息系统数据罪的数据类型，如网络虚拟财产、公民个人信息、网络知识产权等也纳入非法获取计算机信息系统数据罪的范围中。对于侵犯数据安全但行为方式不符合本罪规定的行为类型，是否适用本罪同样存在争议。可见，非法获取计算机信息系统数据罪的司法适用存在困境。

笔者在中国裁判文书网以"非法获取计算机信息系统数据罪"为关键词，检索到近两年的刑事裁判文书197篇，排除不涉及本罪的刑事判决书和刑事裁定书，最终得到有效的刑事判决书57篇。对于非法获取数据的对象，非法获取身

---

* 谭智欣，华东政法大学硕士研究生。

份认证信息的案件共 17 例,占比 30%,包括 QQ、微信、陌陌、推特等账号及密码;非法获取网络虚拟财产的案件共 15 例,占比 26%,包括虚拟货币、游戏账号装备、游戏角色、游戏币等;非法获取企业内部数据的案件共 11 例,占比 19%,包括车辆维护保养信息、医院统方数据、房地产数据、报价数据、手机串号等;非法获取公民个人信息的案件共 6 例,占比 12%,包括手机号码等;非法获取其他财产性数据的案件共 5 例,占比 10%,包括车辆牌号、网络积分、手机商城优惠码、苹果交易凭证等;非法获取网络知识产权数据的案件共 3 例,占比 6%,包括源代码、影视数据、学习资料等。①可见,司法实务对数据的认定范围很广泛,包含了身份认证信息、网络虚拟财产、公民个人信息、网络知识产权等。

我国《刑法》虽然对非法获取计算机信息系统数据罪进行规定,但是并未解释"数据"的概念。对于数据的界定需参考我国现有司法解释。2011 年最高人民法院、最高人民检察院发布的《关于办理危害计算机信息系统安全刑事案件应用法律若干问题的解释》(以下简称《2011 年解释》)规定,本罪的对象包括身份认证信息,身份认证信息属于计算机信息系统上认定使用者操作权限的数据,包括口令、密码、账号、数字证书等。《2011 年解释》虽然规定身份认证信息属于数据,但这只是一种列举规定,实际上将数据的内容限定在较小范围,并未对数据的本质属性进行明确。由案例检索结果可知,在实务中,可能被认定为数据的信息很广泛。对于除身份认证信息之外的数据,倾向于也纳入本罪的"数据"中,这是数据与信息的紧密关系所导致的。随着时代发展,网络虚拟财产、公民个人信息、网络知识产权等信息以数据作为载体,实务机关难以对上述信息与数据进行清晰界分,于是将上述信息也纳入本罪数据范畴,一并认定为非法获取计算机信息系统数据罪。而对于这些信息,已经有财产犯罪、公民个人信息犯罪、知识产权犯罪等罪名进行保护。由此可见,实务中对数据的认定有泛化的倾向,导致与其他罪名保护的信息数据产生混淆。因此,需明确非法获取计算机信息系统数据罪的数据内容,排除保护已经有其他法条规定的信息。

在近两年的判决书中,2021 年有效判决书 52 篇,2022 年有效判决书仅 5 篇。非法获取计算机信息系统数据罪设立至今,案件数量恰恰说明了本罪在司法实务中的适用较少,这与现实中数据犯罪多发的现状矛盾。刑法主要规制的是非法获取数据的行为,对其他非法利用数据的刑法并未规定。根据我国《刑法》第 285 条第 2 款规定,非法获取数据的实行行为类型有两种:侵入系统的行

① 中国裁判文书网,https://wenshu.court.gov.cn,访问日期:2023 年 1 月 20 日。

为,以及以其他技术手段获取计算机中存储处理或传输的数据的行为。非法获取计算机信息系统数据罪规定于侵犯计算机信息系统罪,其设立之初是为了保护计算机系统安全,并非数据安全。因此,无论是侵入系统的行为还是以其他技术手段获取计算机中存储处理或传输的数据的行为,都蕴含对系统的破坏性。然而,案例中存在并不破坏系统,却非法获取数据的行为。如利用平台漏洞获取数据的行为,并不会对系统造成破坏,并不符合本罪实行行为的特征。[①]或者行为人虽然合法获取数据,但是将数据出售牟利滥用数据的,也被认定为非法获取计算机信息系统数据罪。[②]这说明现有规定的非法获取计算机信息系统数据罪的实行行为范围过窄,实务中已经将其他类型的行为也纳入本罪实行行为范畴。法条对非法获取数据的限制束缚了实务适用,并且罪名本身只规定非法获取数据的行为,也无法涵盖完全实务中侵犯数据安全的行为。

综上,本罪在实务适用上有两方面问题:一是数据的内涵宽泛,二是实行行为的范围过窄。解决上述问题需对本罪数据内涵和保护法益,以及实行行为的范围作进一步探讨。

二、数据安全法益之界定与适用

数据具有技术属性和社会属性,由于对数据概念的界定不清,非法获取计算机信息系统数据罪的数据成为包括信息在内的上位概念。对于承载了虚拟财产、个人信息、知识产权等的数据,本来就具有对应的罪名对财产法益、个人信息法益、知识产权法益进行保护,但因数据与数据承载的其他信息的紧密关联,导致侵犯上述法益的犯罪被错误地认定为非法获取计算机信息系统数据罪。据此,应对数据的概念进行限缩定义,从而与其承载的其他信息区分,并对数据独有的法益内容进行解释,构建非法获取计算机信息系统数据罪的法益框架。

(一) 数据的限缩定义

通说认为"数据"指网络数据或计算机数据,即通过网络技术收集、存储、传送、处理和产生的计算机代码。[③]由此可见,数据具有技术属性,是在二进制基础上,于计算机及网络上流通的以 0 和 1 组合而成的比特形式代码,这是狭义的数

---

① 参见湖南省沅江市人民法院(2021)湘 0981 刑初 55 号刑事判决书。
② 参见云南省曲靖市麒麟区人民法院(2021)云 0302 刑初 688 号刑事判决书。
③ 参见张新宝:《〈中华人民共和国民法总则〉释义》,中国人民大学出版社 2017 年版,第 249 页。

据概念。

　　除技术属性外，数据也可以指向具有价值性的内容，如信息。在互联网时代，越来越多的信息依靠数据存储、传输、呈现，数据成为信息载体，数据本身也同样具有价值，比如可以通过分析相关数据获取关乎国家安全、经济秩序、个人利益等的特殊内容。①可见，在广义的数据概念上，数据具有两重性，数据并不仅具有技术属性，还具有社会属性。有学者根据通信原理中通信系统可分为物理层、代码层和内容层，从而提出数据为代码层的存在，而信息为经过"读取"的数据，是内容层的存在。②这也说明了在物理层面，数据的技术属性和数据的社会属性是具有二分性的。在数据的社会属性层面，有相当一部分信息虽以数据作为载体，但该信息价值并不在于数据，而在于其本身价值，如公民个人信息、网络虚拟财产、网络知识产权等，对这些信息已有相关罪名进行保护。然而也有一部分数据并非作为载体，其本身同样具有社会性价值，且并不受其他传统罪名保护，对于这部分数据才应认定为非法获取计算机信息系统数据罪的"数据"，即非法获取计算机信息系统数据罪保护数据的本身价值。数据本身价值指数据具有独立受保护的价值，这意味着数据应与个人信息、国家安全、财产利益、知识产权利益等相联系，但又不受上述法益对应其他传统犯罪调整，具有一定的特殊性。当数据的唯一价值在于计算机信息系统运行服务时，数据本身并未承载任何有价值的信息，对于此类数据的侵犯，并不属于本罪的"数据"范围，可归入侵犯计算机信息系统安全罪中。③

　　在法律层面，基于数据和信息的紧密联系，许多犯罪行为以侵犯数据为手段，但最终目的在于侵犯数据承载的其他社会性价值如个人信息权、财产权、知识产权等。这使数据和信息的区分变得不明显，罪名产生混淆。因此，应限缩非法获取计算机信息系统数据罪中的数据概念范围，针对数据本身价值，排除保护作为传统法益载体的数据。本罪指以数据为对象，以数据安全为保护法益的犯罪，并不包括以数据为手段载体侵犯传统法益的犯罪。④以全国首例爬虫入刑案为例，法院认定，行为人晟品网络科技公司使用网络爬虫技术获取已公开视频数据的行为，侵害了数据的保密性。⑤原因在于，数据相比于信息同样具有

---

　　① 参见刘宪权：《元宇宙空间非法获取虚拟财产行为定性的刑法分析》，载《东方法学》2023 年第 1 期。

　　② 参见纪海龙：《数据的私法定位与保护》，载《法学研究》2018 年第 6 期。

　　③ 参见刘宪权：《数据犯罪刑法规制完善研究》，载《中国刑事法杂志》2022 年第 5 期。

　　④ 参见杨志琼：《非法获取计算机信息系统数据罪"口袋化"的实证分析及其处理路径》，载《法学评论》2018 年第 6 期。

　　⑤ 参见北京市海淀区人民法院(2017)京 0108 刑初 2384 号刑事判决书。

独立价值。虽然公开的信息不具有保密性，但是并不影响数据本身的保密性。行为人以爬虫技术获取公开视频数据的，不影响侵害数据保密性的认定。对于数据安全法益的内容，将在下文展开分析。

（二）数据安全法益的内涵

在"Web1.0"时代，由于技术限制，数据大多存储于计算机系统之上，我国《刑法》并无保护数据安全法益的单独设立条款，数据的刑法保护依附于计算机系统的刑法保护体系中。[①]数据安全依附于计算机系统安全存在。随着"Web3.0"时代的到来，数据逐渐脱离计算机系统，在移动终端等设备上都有体现，侵犯单独的数据安全的行为层出不穷，若仍按照计算机系统是否受到破坏判断数据安全是否受侵害则存在不全面之处，无法满足数据治理的需求。[②]数据安全法益须独立于系统安全存在。

对于数据犯罪的法益，存在一元论与二元论等讨论，在法律层面，基于数据所承载的多元信息，侵犯数据的行为也会侵犯数据之上的信息法益。因此，有学者认为数据法益是二元的，包括蕴含着财产利益和人格利益的个人法益，以及个人利益之外的集体法益，如数据处理安全利益等。[③]上述观点认为数据包括个人数据与一般数据。针对广义的数据犯罪来说，除侵犯数据本身的犯罪，也包括以数据为媒介载体的侵犯传统法益的犯罪。但是前文已提到，本罪的数据概念应限缩定义，排除能够表征其他传统法益的数据，只针对数据本身价值。笔者认为，数据犯罪侵犯的法益在事实上具有多元性，但是非法获取计算机信息系统数据罪的法益应当是一元的。本罪的法益仅限于数据安全法益，如果还包括个人信息法益、财产法益、知识产权法益等传统法益，会造成刑法上的重复评价。因此，非法获取计算机信息系统数据罪的法益，应当采取一元论，即仅针对数据安全法益，不考虑其他传统法益的内容。虽然数据犯罪侵犯的法益呈现多元化，既有传统法益，又有新型的数据法益，但仅侵犯传统法益，未侵犯数据安全法益的，不应该被认定为非法获取计算机信息系统数据罪。

对于数据安全法益的内涵，学界同样存在不同的认识。有学者认为本罪保护法益内容是单一的，对单一的数据安全法益内容概括为"信息安全""计算机信息系统安全""数据传输的保密性"等。也有学者认为，本罪是复合法

---

① 参见刘宪权：《"互联网3.0"时代计算机系统犯罪刑法规制的重构》，载《华东政法大学学报》2022年第5期。

② 参见于改之：《从控制到利用：刑法数据治理的模式转换》，载《中国社会科学》2022年第7期。

③ 参见王华伟：《数据刑法保护的比较考察与体系建构》，载《比较法研究》2021年第5期。

益,包括计算机信息系统的运行秩序、管理秩序和系统内存储、处理或传送的数据的安全等。①前置性法律规定能够为数据安全法益的内容提供指引。如我国《网络安全法》第76条规定,网络安全除包括网络稳定可信赖的运行状态,还包括互联网数据的完整性、保密性和可用性。再如我国《数据安全法》第3条规定,数据安全,指采用一系列措施,保障有效保护数据和合法利用数据,且具备维持安全状态的能力。在数据犯罪中,数据安全作为新型法益,内涵包括三方面,数据的保密性、完整性和可利用性。②数据的保密性,指数据不被非法获取、复制、下载、公开,能够按照权利人的意愿保持处于私密状态,不被未授权人获悉;数据的完整性,指未经授权允许,不得对数据进行增删修改,使之完整可为权利人所控制;数据的可利用性,指权利人可对数据进行无障碍利用。

司法机关应当以数据的保密性、完整性和可利用性为基本标准,并结合实务具体案件事实判断侵犯数据行为是否构成本罪。如行为人利用开发被害单位的"WiFi万能钥匙"手机App,发送请求信息至被害方服务器,从中非法获取共享WiFi热点密码数据,并提供给自己的软件客户使用。③行为人非法获取被害单位热点密码并使用,导致被害单位的WiFi热点密码数据不具有保密性,无法排他性使用,侵害了数据安全法益。

(三) 数据安全法益的实务适用

在明确数据安全法益的内涵后,对于行为是否构成非法获取计算机信息系统数据罪的判断,首先应对行为是否侵犯本罪数据安全法益和行为本身是否符合本罪行为不法性进行判断,在此排除未侵犯本罪法益或行为不符合本罪实行行为的行为,其次对行为侵犯的其他法益进行分析,排除利用数据为媒介,并未侵犯数据安全,而是侵犯其他法益的行为。

1. 排除未侵犯数据安全法益的行为

侵犯数据行为适用非法获取计算机信息系统数据罪的,应以数据安全法益为标准。权利人为维护数据安全,会利用验证身份、限制权限、加密系统等技术手段,采用非法技术如"间谍软件""黑客软件""网络嗅探器"等具有破坏性、侵入性的技术手段的,属于该罪的不法行为。但是只以非法技术手段为标准,则难以评价利用系统漏洞获得非公开数据、将非法购买或合法持有的数据贩卖谋取利益等行为。对实行行为的判断应回归数据安全法益的内容。数据安全法

---

① 参见喻海松:《网络犯罪二十讲》,法律出版社2018年版,第30页。
② 参见徐育安:《资讯风险与刑事立法》,载《台北大学法学论丛》2013年第91期。
③ 参见上海市长宁区人民法院(2016)沪0105刑初1027号刑事判决书。

益包括保密性、完整性和可利用性。利用合法技术手段,但是行为破坏数据的保密性、完整性和可利用性的,也应认定为不法行为。如在最高人民检察院第九批指导案例第 36 号中,超出授权范围登录后查询、获取数据的行为被认定为使用技术手段非法获取数据的行为。[①]在本案中,行为人并未使用非法技术行为,但是超越了授权范围,其查询、下载存储的客户数据并出售,使公司无法对数据进行再次利用,侵犯了存储数据的保密性和可利用性。综上可见,对行为是否构成非法获取计算机信息系统数据罪进行判断,应以数据安全法益为基础,而无需考虑行为人是否采用非法技术手段。

而不会侵犯数据安全法益的行为则不应被评价为本罪的实行行为。需要注意的是,刑法作为保障法具有谦抑性,应在前置法无法保障数据安全法益的前提下适用非法获取计算机信息系统数据罪。对于数据抓取行为是否构成犯罪,有合同标准和技术标准。如数据抓取行为仅违反合同标准的,不应认定为犯罪,否则会导致入罪标准过宽。网站平台通过相关数据条款向外界告知允许或者禁止获取的数据范围的,属于私法性质,应视为契约。如果权利人未采取技术防范措施,那么其告知并不具有技术上的强制作用。[②]这属于平台自主订立的标准,倘若未侵犯数据安全法益,则更多为民事上的违约、侵权行为。实务中应采取技术标准,判断是否会对数据安全法益造成实质侵害。

2. 排除以数据为媒介侵犯其他法益的行为

适用非法获取计算机信息系统数据罪,要排除以数据为媒介,并未侵犯数据安全,而是侵犯其他法益的行为。前文论及,基于当前时代数据地位的变化,数据与信息的联系愈发紧密,数据成为其他法益的载体。传统犯罪转移到互联网上时,侵犯数据行为可能同时触犯数据犯罪和信息犯罪。因此,侵犯数据的行为应针对数据本身而非其他法益,此时需要对数据去除传统犯罪所具有的特征。实务中多发的混淆情形为非法获取计算机信息系统数据罪与侵犯公民个人信息罪、财产犯罪、知识产权犯罪,因此下文对三种罪名与本罪的区分进行分析。

对于与侵犯公民个人信息罪的区分,应排除数据的可识别性。我国《民法典》第 1034 条规定个人信息具有"可识别性"。我国《个人信息保护法》第 4 条规定,个人信息指以电子或者其他形式储存的,除进行匿名化处理的信息以外的,与可识别或者已识别的自然人关联的各种信息。可见,可识别性是个人信息的

① 参见计莉卉、游涛:《超越权限进入计算机信息系统的行为性质》,载《人民司法》2018 年第 8 期。
② 参见游涛、计莉卉:《使用网络爬虫获取数据行为的刑事责任认定——以"晟品公司"非法获取计算机信息系统数据罪为视角》,载《法律适用》2019 年第 10 期。

基本特征,依照信息内容可以识别具体个人身份。个人信息保护的基本权利包括信息自决权和隐私权,这是对个人信息进行单独定罪处罚的基础。①有学者将可识别性分为直接识别性和间接识别性。直接识别性信息指利用此类信息能够直接确认身份,如生物识别信息、社会信息等。间接识别性指同其他信息结合后能够识别个人身份,如家庭住址、行踪轨迹等。②能够识别个人身份的数据,表征人格上的隐私权和信息自决权,属于个人信息,非法获取可识别性信息的行为构成侵犯公民个人信息罪。不会识别个人身份的数据如消费偏好的,属于一般的数据,非法获取一般数据的行为构成非法获取计算机信息系统数据犯罪。

对于与财产犯罪的区分,应排除数据的财产性。实务中存在争议较多的为侵犯网络虚拟财产行为的认定。网络虚拟财产多为游戏装备、游戏账号、游戏货币和虚拟货币等。由于网络虚拟财产的财产属性尚未确定,侵犯虚拟财产行为倾向于认定为非法获取计算机信息系统数据罪。③2016年最高人民法院研究室《关于利用计算机窃取他人游戏币非法销售获利如何定性问题的研究意见》提出,对利用互联网偷窃他人虚拟游戏币并非法售卖获利的情形,应认定为非法获取计算机信息系统数据罪。然而即使在互联网上,网络虚拟财产同样具有财产价值,能够流通、交换。比如盗窃虚拟财产的行为同样会使权利人遭受财产损失,刑法中已有盗窃罪对行为进行规制。侵犯网络虚拟财产行为更多侵犯的是数据的财产属性,应当以财产犯罪进行规制。至于无法归入财产犯罪的侵犯数据行为,适用非法获取计算机信息系统数据罪。

对于与知识产权犯罪的区分,应排除数据的创造性。知识产权是人类智力创造的成果,核心在于创造性。较为常见的互联网知识产权包括网络著作权、域名、商业秘密等,未经权利人授权、许可,在互联网上获取、复制、传播上述内容的,应认定为侵犯知识产权犯罪。侵犯不具有创造性的一般数据的行为,则可以适用非法获取计算机信息系统数据罪。

上述对数据犯罪与信息犯罪的区分,并非因为两罪互相排斥,而是为了体现数据安全法益的独立价值。基于数据与信息的关系,若行为同时侵犯了信息法益和数据安全法益,则应根据具体情形适用想象竞合、牵连犯或数罪并罚,以达到刑法全面评价的效果。

---

① 参见萧奕弘:《论个人资料保护法的法制性问题》,载《成大法学》2012年第23期。
② 参见杨志琼:《非法获取计算机信息系统数据罪"口袋化"的实证分析及其处理路径》,载《法学评论》2018年第6期。
③ 参见徐凌波:《虚拟财产犯罪的教义学展开》,载《法学家》2017年第4期。

三、非法获取计算机信息系统数据行为之扩充

我国《刑法》第 285 条规定非法获取计算机信息系统数据罪的行为类型包括侵入系统或以其他技术手段。学界一般认为,利用其他技术手段应当与侵入系统具有相当性,都具有技术上的不法性。立法规定没能体现出对数据的独立保护,而是对系统的保护。我国刑法对数据安全保护的规定具有片面性,导致许多侵犯数据安全法益的行为难以被认定其中。当前数据犯罪刑法治理的重心在于非法获取数据行为而非滥用数据行为。[1]实务中存在使用合法技术但获取非公开数据,或合法获取数据但滥用的行为,仅适用立法规定的两种标准难以对上述情形进行判断,会导致司法适用上的不足。一方面,应当取消现有限定,扩充非法获取计算机信息系统数据的规制行为。本罪应以独立的数据安全法益为判断标准,至于获取数据行为采取的手段并不影响造成数据法益侵害的结果。另一方面,刑法对数据的保护不应限定在"非法获取数据"上,还应增加破坏数据的行为和滥用数据的行为。

(一) 增加破坏数据行为

当前大数据时代,数据市场化和资产化的作用愈发重要,数据犯罪逐渐泛滥。在这样的社会背景下,对数据安全的保护范围也应进行扩张,增加破坏数据和滥用数据的情形。2001 年《欧盟网络犯罪公约》(以下简称《2001 年公约》)将计算机系统与计算机数据以不同罪名分别保护,包括非法访问计算机系统的行为以及非法拦截计算机数据的行为。[2]对于数据的保护,《2001 年公约》规定了"数据干扰",即故意毁坏、删除、损坏、更改、阻止计算机数据的行为。[3]《2001 年公约》为扩张数据犯罪行为类型提供借鉴,应增加破坏数据的行为。我国立法主要针对破坏系统行为,对破坏数据行为却未进行规定。目前,数据破坏行为已经脱离依附计算机信息系统导向数据本身,数据犯罪侵害的法益由计算机信息系统安全转为数据安全。[4]最高人民法院 2020 年发布的第 145 号指导性案例指出,"未造成网络系统功能实质性破坏或者使其不能正常运行"的破坏数据行为不构成破坏计算机信息系统罪。这证明实践中存在未对计算机信息系统

---

① 参见于改之:《从控制到利用:刑法数据治理的模式转换》,载《中国社会科学》2022 年第 7 期。

② See Convention on Cybercrime(Budapest,23.XI.2001),Article 2 and Article 3.

③ See Convention on Cybercrime(Budapest,23.XI.2001),Article 4.

④ 参见刘宪权:《人工智能时代数据犯罪的刑法规制》,载《人民检察》2019 年第 13 期。

造成损坏,只破坏数据的案例,仅以系统受到破坏为标准无法涵盖实务情形。①

(二) 增加滥用数据行为

针对非法侵犯数据的现象,如果仅规制上游非法获取行为,而放任下游对非法获取数据的交易、转让、扩散等行为,则无法完整有效保护数据权利。②我国同样有对下游侵犯数据行为的规定,《2011 年解释》第 7 条规定,掩饰、隐瞒明知是通过犯非法获取计算机信息系统数据罪获得的数据,违法所得超过 5 000 元的,应认定为掩饰、隐瞒犯罪所得罪。这代表我国立法承认下游犯罪具有社会危害性。但是根据数据的特殊性,对于数据的掩饰、隐瞒行为不应纳入掩饰、隐瞒犯罪所得罪,宜纳入滥用数据的范围,独立规定为数据犯罪的规制行为。

滥用数据包括非法提供数据的行为。实务许多案件中,行为人获取数据后出售、收取费用进行牟利。立法并未规定非法提供数据的情形,然而现实中存在单独的非法提供数据行为,例如将基于合同、职务等合法持有的数据非法提供给他人的,上游获取数据行为在客观行为上不构成数据犯罪的,其下游非法提供行为仍有构成数据犯罪的可能。③我国相关司法解释能够提供借鉴,2017年最高人民法院、最高人民检察院《关于办理侵犯公民个人信息刑事案件适用法律若干问题的解释》规定,通过互联网或者其他媒介公开公民个人信息的,应当认定为我国《刑法》侵犯公民个人信息罪规定的"提供公民个人信息"。据此,在侵犯数据犯罪中,非法提供行为可以理解为非法或未经授权提供数据的行为。

滥用数据还包括非法利用数据的行为。非法利用数据的案件多涉及下游犯罪,数据具有独立价值,利用数据进行其他犯罪不仅侵犯其他犯罪的法益,还会侵犯数据独立法益。非法利用数据的行为同样应当构成数据犯罪,进行数罪并罚。

结　　语

信息社会发展日新月异,而对数据的保护却滞后于时代的脚步。事实上,

---

① 参见王燕、张竣杰等:《非法控制计算机信息系统案的理解与参照——对计算机信息系统功能或有价值数据实施增加、修改,未造成该系统功能实质性破坏或不能正常运行的行为,应认定为非法控制计算机信息系统罪》,载《人民司法·案例》2022 年第 14 期。

② 参见王华伟:《数据刑法保护的比较考察与体系建构》,载《比较法研究》2021 年第 5 期。

③ 参见苏青:《数据犯罪的规制困境及其对策完善——基于非法获取计算机信息系统数据罪的展开》,载《法学》2022 年第 7 期。

将数据犯罪规定于计算机系统犯罪中已经不符合互联网时代发展要求,数据犯罪应独立于计算机系统犯罪。解决实务中非法获取计算机信息系统数据罪的适用难题,应准确把握数据的内涵,非法获取计算机信息系统数据罪的数据仅指数据的本身价值。数据安全法益不同于传统法益,也并不依赖于计算机安全,具有独立价值,包括数据的保密性、数据的完整性和数据的可利用性。无法以传统法益评价的数据相关权利,可以纳入本罪法益范围。对于本罪的实行行为,应取消现有对非法获取数据行为的限制。除非法获取数据行为外,还应将破坏数据、滥用数据行为纳入侵犯数据安全犯罪中。

侵犯公民个人信息罪保护法益的再思考
——以生成式人工智能技术应用为背景

季政齐*

内容摘要 根据融贯性的要求,界定侵犯公民个人信息罪的保护法益,应当结合大数据时代下个人信息的特质转变来进行。ChatGPT 等生成式人工智能技术的发展,造成作为私域与公域之间界限的物理性隔离失灵,使得"公民知情同意"作为私域与公域之间新的分界线成为必须。有鉴于此,为了维护与巩固公民知情同意的权利,侵犯公民个人信息罪的保护法益应为与公民人格、财产权紧密关联的个人信息自决权。个人信息自决权说不仅可以为侵犯公民个人信息罪提供兼具体系内外功能的统一法益概念,还能够合理地将擅自处理公开的个人信息行为纳入处罚范围。

关键词 侵犯公民个人信息罪 生成式人工智能 保护法益 个人信息自决权

一、问题的提出

近年来,随着云计算、物联网、人工智能等为代表的数字化技术与经济社会各领域的深度融合,数据驱动的新产业、新业态和新商业模式不断涌现,数据亦作为增强社会创造力和激发市场活力的重要战略性资源逐步成为社会运转的动力。与此同时,个人信息经由信息技术的数据化处理,成为大数据不可或缺的一部分,其蕴含的经济价值和社会价值日益凸显。[1]技术革新给生活带来的便利让我们欣喜,但是,在肯定新兴技术对数据产生积极影响的同时,其在大数据行业的应用所带来的负面影响不可不察。

2022 年 11 月 30 日,美国人工智能研究实验室 OpenAI 推出了一种人工智能技术驱动的自然语言处理工具,即是当今风靡全球的 ChatGPT(Chat Genera-

---

* 季政齐,华东政法大学硕士研究生。

① 刘古琛:《侵犯公民个人信息罪的法益转向——从个人法益到信息管理秩序》,载《北京警察学院学报》2022 年第 5 期。

tive Pre-trained Transformer)。"ChatGPT 等生成式人工智能技术的迭代发展具有划时代意义,必将引发人类社会的一次重大革命,同时也会给人类社会的生产、生活等方方面面带来重大影响。"①数据作为生成式人工智能的核心应用要素,为生成式人工智能语言模型的搭建和实操应用提供训练用料。从运作流程来看,生成式人工智能通过海量的数据投喂,掌握大规模数据池,并进一步对数据进行训练,通过算法对数据进行加工和输出。应当看到,与数据处理相关的人工智能技术的突破性革新使个人信息的特质发生转变,对于侵犯公民个人信息罪的法益也应进行重新分析。

就侵犯公民个人信息罪保护法益观而言,我国刑法理论众说纷纭、莫衷一是,不仅存在个人法益说和超个人法益说的对垒,并且诸法益学说内部也存在观点分歧。基于此,司法实务中对个人信息犯罪的处理并不存在统一的标准。"作为将外部的规范需求传递进入刑法体系的媒介,法益承担着沟通刑法体系与外部环境的功能,是刑法体系应变性机制中的重要组成部分。"②因此,对于侵犯公民个人信息罪保护法益的研究不仅应在个罪内部进行教义学推演,也需要对外部社会环境的规范性需求作简单化的解读。有鉴于此,本文以生成式人工智能技术的应用为研究背景,通过对生成式人工智能技术运作原理进行剖析,分析人工智能技术变革对公民个人信息的属性所产生的影响。在此基础上,对目前学界关于侵犯公民个人信息罪保护法益的学说进行初步检视,利用外在价值审核和内在教义学检验的方法对个人信息自决权的正当性进行融贯性证成。

二、生成式人工智能技术对公民个人信息属性的影响

ChatGPT 等生成式人工智能的运行无法脱离对数据的收集与处理。数据作为核心要素,在生成式人工智能的运行过程中存在较高的使用风险。在互联网时代,公民个人信息多以数据为载体存在,因此,我们在识别生成式人工智能这一技术突破对公民个人信息产生影响的基础上,构建合理有效的个人信息刑法保护体系,便要求我们深刻理解生成式人工智能的运行机理。

结合 OpenAI 官网发布的公告,可以发现生成式人工智能在完成给定目标任务的过程中,需要依次经过数据收集、数据训练、数据输出三个环节。第一,数据收集环节。生成式人工智能以通用大模型为基础,收集或抓取大量数据并

---

① 刘宪权:《ChatGPT 等生成式人工智能的刑事责任问题研究》,载《现代法学》2023 年第 4 期。
② 劳东燕:《个人信息法律保护体系的基本目标与归责机制》,载《政法论坛》2021 年第 6 期。

投入应用模型当中。生成式人工智能使用者输入信息和使用记录及其前期投入的语料数据库,都能够给人工智能提供充足的数据资源,为后期数据训练作前提准备。此外,从数据的获取途径来看,数据还可以通过采集录入、爬取数据、第三方公共数据以及创造数据等多种途径获得。第二,数据训练环节。数据训练环节可以分为两个子环节,分别为数据的预训练和数据的优化训练。在数据的预训练过程中,生成式人工智能将收集的数据进行语言模型预训练,让语言模型具备理解和生成自然语言的能力,以便其具备根据上下文预测语意的功能。在数据的优化训练过程中,通过给定一组特定领域的标注数据,从而进一步训练模型,从而让该数据模型产出更佳的输出结果。第三,数据输出环节。在对数据的收集与学习的基础上,生成式人工智能通过算法优化从而实现生成式人工智能的自我学习和优化,并输出优化后的数据结果。

通过梳理人工智能的发展历史可以发现,生成式人工智能只是此前分析式人工智能的功能性进阶。从运作流程上看,分析式人工智能的学习模式是根据已有数据作出判断,即通过收集数据并从中提取参数,随后在已有参数的基础上建立模型,最后在新样本作出预测或识别。在此基础上,生成式人工智能则展现出更为强大的"创作"功能。生成式人工智能是在对数据进行梳理和判断的基础上,根据关键词对问题或提示进行回答,独立完成生成目标文本的整个工作流程。此外,根据研究结果显示,ChatGPT 等生成式人工智能在准确性上大多优于 MTurk 众包工作者,在一致性上则远胜于专业数据标注者。[①]应当看到,无论是他人利用生成式人工智能实施的侵犯公民个人信息行为,还是生成式人工智能在自我学习过程中"自发"实施的侵犯公民个人信息行为,都与分析式人工智能侵犯公民个人信息行为没有本质上的区别。进言之,无论是生成式人工智能还是分析式人工智能,对于公民个人信息属性的影响其实都源自大数据技术的应用。而在以大数据为技术座驾的生成式人工智能等技术应用的背景下,公民个人信息的属性与特质发生了以下变化。

首先,信息技术的发展使得公域与私域的界限重构成为必须。在传统视角下,"私域"是指没有委托给主权者管理而留给个人自主处理的领域。"私域"作为私人生活领域,最显著的特质是私人性,即无论是个人,抑或是社会与国家所指涉的公权力均无权干预的领域。与之相对照,"公域"概念则既包括国家,又包括社会或黑格尔哲学中的市民社会。"现代法律通过推行私域自治,保护与身体、私密处所和社会交往相关的人身财产权益免受外来的侵

---

① 吴静、邓玉龙:《生成式人工智能前景下的公共性反思》,载《南京社会科学》2023 年第 7 期。

害,为个人构筑起一个在物理上可实现自由支配的空间,并以此与公共空间相区分。"①应当看到,传统观念对于公域与私域之间的界限在进入信息时代后发生了变化。随着互联网已然成为人们日常生活和工作不可或缺的一部分,互联的随时性、数据挖掘与依据数据对人所做的社会分类逐渐弥合了私人领域与公共领域之间的物理界限。在物理界限被打破后,大量私域中的个人信息涌入公域,导致个人信息及其处理不易为个人所控制,个人对于传统意义上的私域空间无法再进行自由支配。如此情状使得依靠法律来拟制作为公域与私域之间的新的分界线迫在眉睫。

其次,个人信息权利人权益的实现被技术稀释。时下,大数据技术的广泛应用使得信息的流转频率大幅增加,传播范围也大幅扩大,信息接收者无法识别获得的信息是否为权利人所知情同意,信息权利人也无法完成对每一次信息处理的授权。"这导致知情同意原则下的个人信息安全失去保障,权利逐渐被虚化:在权利的开端,同意权被虚化为不必阅读具体内容的点击操作;在权利末端,用户的损害赔偿权因为难以计算个人信息的价值或难以举证而沦为'纸面上的权利';在权利的维护上,站在第一线的都是监管机构,而不是权利人。"②

应当看到,在信息技术高速发展的当下,物理隔离作为公域与私域的分界线逐渐被互联技术瓦解,在这样的背景下,个人信息权利人的权益逐渐被技术稀释。如果赋予信息接收者过重的义务显然不当,更无法对信息权利人的合法权利进行再扩容。因此,传统的法律保护模式无法继续充分发挥维护社会秩序和保障公民权益的功能,必须对法律作出新的解释以应对信息时代产生的新问题,可行的做法便是对信息的提供者、出售者、非法获取者施加相应义务以保障信息权利人的权利,即强调公民的知情同意权。

三、个人信息自决权说的初步检视

在侵犯公民个人信息罪的保护法益问题上,我国刑法理论的观点可谓纷杂多样,关于本罪保护法益的主张存在个人法益说与超个人法益说理论对垒。"无论是作为方法论还是知识论,法教义学论证的展开,必然以承认现行立法规定的正当性为前提。"③因此,在对各家学说进行检视之前,应当秉持这样一个立场:尊重我国现行刑法的规定及相应文义。具体来说,在界定侵犯公民个人信

---

① 劳东燕:《个人信息法律保护体系的基本目标与归责机制》,载《政法论坛》2021年第6期。
② 张新宝:《我国个人信息保护法立法主要矛盾研讨》,载《吉林大学社会科学学报》2018年第5期。
③ 劳东燕:《受贿犯罪的保护法益:公职的不可谋私利性》,载《法学研究》2019年第5期。

息罪的保护法益时,应当立足于现有的立法规范,在罪刑法定原则的关照下进行解释工作,而不能通过解释虚化明文规定的构成要件要素或者类推适用法律规范。

超个人法益论者主张,侵犯公民个人信息罪的保护法益并非公民个人的人身权利,而是涉及多数人的公共信息安全法益。[①]虽然超个人法益论内部歧见纷呈,但是各观点存在两大共同的前置性问题亟待进行理论廓清。其一,对侵犯公民个人信息罪的保护法益进行阐释时,是否需要区分"数据"与"信息"在我国立法规定中的差异?其二,立足于现行立法体例进行教义学研究,侵犯公民个人信息罪的保护法益是否涵盖超个人法益的属性?

首先,"数据"和"信息"不仅在技术领域上含义迥异,在现行法律体系的评价上亦存在差别。数据是编程语言处理的对象,信息则是利用信息技术呈现的内容。侵犯公民个人信息罪的保护对象并非个人数据,而是个人信息。个人数据既包含个人信息,同时又在概念外延上比个人信息更为宽泛,包含用户上传或生成的一切形式存储的内容。超个人法益的论者,实际上是混淆了"数据"和"信息"在实质内涵及刑法评价上的不同,并在论证中产生了误解,从而落入"大而化之"地探讨信息流通及利用问题的窠臼。毫无疑问,作为大数据时代的"燃料",公民的个人数据具有重大的公共价值和商业价值,可以被应用于大数据挖掘和公共安全领域。但是,公民个人信息因其具备的明确可识别性从而具有很强的个人信息自决属性,故不容他人轻易地干涉和侵犯。从立法目的看,立法者之所以将侵犯公民个人信息罪定位为侵犯人身权利和民主权利的犯罪,正是充分考虑了公民个人信息的这一特殊属性。如若将"数据"与"信息"不进行刑法上的区分,则不仅会影响侵犯公民个人信息罪的准确认定,也很容易误导对于公民个人数据的保护与利用,故超个人法益论者的观点存在理论前提的根本性误读。

其次,从现行立法上看,侵犯公民个人信息罪规定在现行《刑法》第四章"侵犯公民人身权利、民主权利罪"中,该罪侵害的法益是个人权益而并非公共利益。此外,如果将侵犯公民个人信息罪的保护法益界定为超个人法益,则将导致该罪与其他涉个人信息犯罪的适用范围和边界模糊不清的问题。从现行《刑法》规定来看,通过设立非法获取国家秘密罪、非法获取计算机信息系统数据罪、侵犯商业秘密罪等罪名,构建了对与个人信息有关的国家安全、市场经济秩

---

① 皮勇、王肃之:《大数据环境下侵犯个人信息犯罪的法益和危害行为问题》,载《海南大学学报(人文社会科学版)》2017年第5期。

序、财产权等重要法益的保护体系。进言之,如果随意地将侵犯公民个人信息罪侵害的法益界定为所谓的"超个人法益",则将导致侵犯公民个人信息罪与其他涉信息数据犯罪重复规定,刑法理论的研习者应该很难接受这样的结论。

与之相对,个人法益论者主要集中于个人信息权说展开论述,总体主张本罪的保护法益为个人信息权,其归属于个人的具体人格权,具有完全私人属性。[1]个人信息权说内部存在多种不同法益主张:信息自决权说主张本罪的保护对象是作为新型权利的个人信息自决权;独立权能说认为个人信息权是一种包含多种权益的独立权能;专有权论者则主张,本罪的保护法益是个人对数据的专有权。[2]笔者认为,侵犯公民个人信息罪的保护法益应定位为个人信息自决权。如前所述,随着信息技术的广泛应用,公域与私域的物理界限逐渐形同虚设,对此需要通过法律来拟制新的界限划分公域与私域。对信息的提供者、出售者、非法获取者施加相应义务以保障信息权利人的权利,即强调公民的知情同意权是较为可行的做法。

同时应当看到,对规范保护目的的明确有助于理解法益保护的范围和必要性。在侵犯公民个人信息罪的认定上,由于侵犯公民个人信息罪主要保护的是个人权益,故刑法对个人信息保护的最终目的还应回归对个人权益的保护上,即保障个人人格权或财产权等不受侵犯。将侵犯公民个人信息罪的保护法益界定为个人信息自决权的理论解读,根本目的是防止个人人格权和财产权等权利受到不法侵犯,进而赋予个人自主决定个人信息授权处理范围的权利。若行为并不具备对人格权或财产权侵害的可能性,则即使相关行为侵犯了公民个人信息自决权,也不应受到刑法规制,因此,应将该罪的法益界定为与个人人格、财产权紧密关联的个人信息自决权。

四、个人信息自决权说的融贯性证成

(一) 为侵犯公民个人信息罪提供兼具体系内外功能的统一法益概念

根据融贯性的要求,我们在解读刑法规范时不仅要顾及与公法体系的协

---

[1] 冀洋:《法益自决权与侵犯公民个人信息罪的适用边界》,载《中国法学》2019年第4期。

[2] 刘艳红:《民法编纂背景下侵犯公民个人信息罪的保护法益:信息自决权》,载《浙江工商大学学报》2019年第6期;于冲:《侵犯公民个人信息罪中"公民个人信息"的法益属性与入罪边界》,载《政治与法律》2018年第4期;马永强:《侵犯公民个人信息罪的法益权属确证》,载《环球法律评论》2021年第5期;敬力嘉:《大数据环境下侵犯公民个人信息罪法益的应然转向》,载《法学评论》2018年第2期。

调,也应注意通过解释得出的结果应当符合刑法内部的教义学逻辑。对于侵犯公民个人信息罪保护法益的界定,不仅需要结合《个人信息保护法》等前置法以及侵犯公民个人信息罪的相关规定对该罪保护法益进行推导,还需要考虑到对该罪保护法益的界定不应导致刑法体系的内在冲突,使该罪保护法益的界定符合该罪设立的规范保护目的。

首先,个人信息自决权的法益观与《个人信息保护法》等前置法的规定相契合。"法益概念所具有的超越体系的功能,要求在理解具体罪刑规范时,必须有助于相关法条与公法体系的融贯性处理。这种意义上的融贯性,代表的是刑法法条与以宪法为基础的公法体系在实质价值上的对接。"①将侵犯公民个人信息罪的法益定位为个人信息自决权,能使相应法益实现超越体系的价值对接功能。结合《个人信息保护法》的相关规定可以发现,侵犯公民个人信息行政违法行为认定的关键在于判断个人信息处理者是否获得了个人的知情同意,并且"个人同意"的表达在《个人信息保护法》的规定中多次出现。可见,个人信息处理者违反国家有关规定的主要内容是由于处理者对个人信息相关权限的处理未获得个人的同意。除此之外,根据侵犯公民个人信息罪的法律规定,该罪的三种行为方式分别是非法获取、非法提供以及非法出售个人信息行为。其中,非法获取个人信息行为是指以窃取或者其他方法获取个人信息的行为,非法提供和非法出售个人信息行为是指违反国家有关规定,向他人出售或提供个人信息的行为。应当看到,非法获取、提供和出售行为成立的前提是行为具有"非法性",而"非法性"的成立则意味着相关行为未获得个人的知情同意。因此,将侵犯公民个人信息罪的保护法益界定为个人信息自决权能够与《个人信息保护法》等前置法的规定相衔接。

其次,将侵犯公民个人信息罪保护法益界定为其他法益观与刑法其他涉个人信息犯罪法益观相重合。根据我国现行刑法的规定,非法获取信息数据行为可能构成侵犯公民个人信息罪、非法获取计算机信息系统数据罪、侵犯商业秘密罪、非法获取国家秘密罪等多个罪名,这些罪名分别对包括公民个人权利、市场经济秩序、国家安全等在内的重要法益予以不同程度的保护。如果侵犯公民个人信息罪的保护法益为上述任意单一法益,则该罪的适用范围必将与刑法其他涉信息数据犯罪相重合,若是如此则会造成立法资源的浪费,导致立法规定的矛盾和冲突。由此可见,侵犯公民个人信息罪的其他法益观并没有立足于我

---

① 劳东燕:《受贿犯罪的保护法益:公职的不可谋私利性》,载《法学研究》2019 年第 5 期。

国刑法规定进行考虑。

(二) 有助于适当处理擅自处理公开的个人信息行为相关的争议

时下,对于未经信息主体同意倒卖公开的个人信息①并从中牟利的案件,司法实践存在"同案不同判"的裁判结果,理论与实务中对此存在有罪论与无罪论两种观点。有罪论者主张,公开的个人信息仍属于刑法规定的"公民个人信息",并且擅自处理公开的个人信息行为违反了"国家有关规定",符合我国《刑法》第253条之一的构成要件,进而构成侵犯公民个人信息罪。无罪论者则认为公开的个人信息不属于刑法意义上的"公民个人信息",因此否定擅自处理公开的个人信息的行为符合侵犯公民个人信息罪的构成要件。

对于擅自处理公开的个人信息行为的刑法定性,存在以下争议焦点:第一,公开的个人信息是否属于现行《刑法》保护的公民个人信息? 第二,擅自处理公开的个人信息行为是否违反了"国家有关规定"? 笔者认为,"公开的个人信息"属于侵犯公民个人信息罪所保护的公民个人信息。个人信息的主要特征在于可识别性而非私密性,我国并非通过隐私权来实现对个人信息的保护。因此,即便个人信息被公开后其已不再可能属于个人隐私的范畴,这些个人信息也仍蕴含一定的人格权益,可以适用有关个人信息保护的规定。②既然公开的个人信息与未公开的个人信息同样值得刑法保护,那么问题便在于应当以何标准理解"违反国家有关规定"这一构成要件的含义?

由于对"国家有关规定"的理解存在差异,理论与实务中采取三种不同的标准。其一,未经同意标准。该说依据的是2017年5月8日公布的最高人民法院、最高人民检察院《关于办理侵犯公民个人信息刑事案件适用法律若干问题的解释》(以下简称《解释》)第3条第2款规定。③根据该款规定,即使是向他人提供已经公开的个人信息,也必须征得信息主体的同意,倘若未经同意就将合法收集的已公开的个人信息擅自提供给他人的,同样符合侵犯公民个人信息罪的构成要件。其二,侵害重大权益标准。该标准的法律依据在于《中华人民共和国民法典》(以下简称《民法典》)与《个人信息保护法》针对公开的个人信息所

---

① 公开的个人信息,是指信息主体个人自行公开或者其他已经合法公开的个人信息。

② 刘宪权、王哲:《侵犯公民个人信息罪刑法适用的调整和重构》,载《安徽大学学报(哲学社会科学版)》2022年第1期。

③ 最高人民法院、最高人民检察院《关于办理侵犯公民个人信息刑事案件适用法律若干问题的解释》第3条第2款规定:"未经被收集者同意,将合法收集的公民个人信息向他人提供的,属于刑法第二百五十三条之一规定的'提供公民个人信息',但是经过处理无法识别特定个人且不能复原的除外。"

规定的处理规则。①具言之，当处理行为在合理范围之内时，无须取得个人同意；当处理行为对个人权益有重大影响或者侵害个人重大利益时，则需要取得个人同意。据此，信息处理者擅自处理公开的个人信息的行为，如果没有侵害个人的重大利益，可根据《民法典》第1036条第2项规定免除民事责任，也不违反《个人信息保护法》中的相关规定。既然民事侵权都无法构成，也就自然不能构成侵犯公民个人信息罪；但如果使个人的重大利益遭受侵害，就违反了《民法典》与《个人信息保护法》中的相关规定，进而符合《刑法》第253条之一的构成要件，可能构成侵犯公民个人信息罪。其三，超出公开用途标准。根据《个人信息保护法（草案二审稿）》第28条第1款的规定，个人信息处理者处理已公开的个人信息，应当符合该个人信息被公开时的用途。超出与该用途相关的合理范围的，应当依照本法规定取得个人同意。进言之，超出公开用途的擅自处理公开个人信息的行为违反了《民法典》的相关规定，进而符合《刑法》第253条之一的构成要件，可能构成侵犯公民个人信息罪。②

上述三种模式均是对"国家有关规定"的解读，但是三种模式对应的入罪门槛并不相同，故有必要对上述论证模式的正当性进行理论解读。通过分析可以发现，未经同意模式没有综合考量前置法，因而具有片面性，失去了成立的规范基础。尽管超出公开用途模式注意到了《民法典》与《个人信息保护法（草案二审稿）》的有关规定，但由于《个人信息保护法》在《个人信息保护法（草案二审稿）》的基础上进行了修改，不得擅自处理公开的个人信息的前提从"超出公开时的用途"修改为"对个人权益有重大影响"，因此其论证路径似乎也缺乏合理性。因此，对于"国家有关规定"的理解采侵害重大权益标准更为合理。

根据法益侵害说，只有当行为侵害或者威胁了法益，才可能具有实质的违法性。在对擅自处理公开的个人信息行为进行入罪分析的过程中，不仅需要行为具备刑事违法性，还需要判断行为人实施的行为是否具备法益侵害性。笔者认为，将侵犯公民个人信息罪的保护法益界定为个人信息自决权有利于解决擅自处理公开的个人信息行为的入罪问题，并且也是基于现行法律规范所作出的理论解读。具体来说，只有当个人信息处理行为侵犯公民个人信息自决权，且

---

① 《民法典》第1036条规定："处理个人信息，有下列情形之一的，行为人不承担民事责任：……（二）合理处理该自然人自行公开的或者其他已经合法公开的信息，但是该自然人明确拒绝或者处理该信息侵害其重大利益的除外……"《个人信息保护法》第27条规定："个人信息处理者可以在合理的范围内处理个人自行公开或者其他已经合法公开的个人信息；个人明确拒绝的除外。个人信息处理者处理已公开的个人信息，对个人权益有重大影响的，应当依照本法规定取得个人同意。"

② 周光权：《侵犯公民个人信息罪的行为对象》，载《清华法学》2021年第3期。

这种对个人信息自决权的侵犯又进一步导致公民重大权益受到威胁时,相关行为才具备入罪的可能性。根据《民法典》第1036条第2项与《个人信息保护法》第27条的规定,当信息处理者处理公开的个人信息,对个人权益产生重大影响或侵害信息主体重大权益时,应当取得信息主体的个人同意。显然,未经信息主体同意,擅自提供或出售公开个人信息,并对信息主体产生重大影响或侵害信息主体重大权益的,不仅会违反《个人信息保护法》第27条的规定,还会对包括人格权和财产权等权利在内的信息主体的个人权益造成重大损害。可见,擅自提供或出售公开的个人信息的行为可能会使个人信息自决权遭到破坏,具有实质的法益侵害性。

律和特征,从而实现对输入数据的准确分类与识别。它具有生成文本、分析图像、编写代码、语音交互、问答系统等强大功能。

ChatGPT 的工作原理可以简单分为四步"输入处理—捕捉特征—理解上下文—生成内容"。首先其会将输入转化为向量;然后把向量传递给 Transformer 模型,通过神经网络捕捉它们的特征和关系;接着通过自注意力机制,使模型关注输入中的不同部分,理解它们之间的关系;最后根据已经生成的文本和输入,生成最可能的词。显然,这类生成式人工智能的生成能力是由算法与程序赋予的,其尚未具有脱离算法与程序独立思考的能力,仍属于弱人工智能的范畴。

(三) 人工智能之分类标准

在探究人工智能的相关问题之前,首先应当达成一种分类上的共识。以智能程度为分类标准,人工智能可被分为弱人工智能、强人工智能、超强人工智能,这是一种智能能力上的分类维度。以是否具有应用的综合性为分类标准,分为专用人工智能和通用人工智能,这是技术话语体系下应用宽度的分类标准。这两种分类方式,笔者认为不能混为一谈,这是不同分类标准下的人工智能类型化。ChatGPT 可以执行复杂任务,虽然其还不能完全模仿人类智能,但可以合理认为 ChatGPT 属于通用人工智能系统的早期版本,可以纳入通用人工智能领域。ChatGPT 不具有独立的意识,智能程度较低,故又归属于弱人工智能领域。而笔者本文所要探讨的是强人工智能的刑事责任,技术划分标准并不为本文提供良好的分析思路,所以笔者拟采用弱人工智能与强人工智能的分类标准,在是否具有独立意识的基础上,进一步划分:弱人工智能是指不具有辨认控制能力,仅能在设计和编制的范围内实施行为;强人工智能具有辨认和控制能力,能在设计和编制的程序范围外实施危害行为。①强人工智能才是本文的主要探讨对象,在对其内涵进行明确定义的基础上,探讨与强人工智能的刑事责任的相关问题,才可能引起共鸣。

二、强人工智能刑事责任探究之正当性

(一) 人工智能战略地位及发展趋势之必然

科学技术是第一生产力,而人工智能作为可以推动"第一生产力"发展的

---

① 刘宪权:《人工智能时代的"内忧""外患"与刑事责任》,载《东方法学》2018 年第 1 期。

"元生产力",能够在生产力中担当更为基本的重要角色。时任科技部高新技术司司长陈家昌表示,"人工智能作为一个战略性新兴技术,日益成为科技创新、产业升级和生产力提升的重要驱动力"。①《2023 年十大新兴技术报告》也指出生成式人工智能是未来三到五年内将对世界产生最大影响的新兴技术之一,其在教育、医疗、科学研究等多领域引发颠覆性变革。②可见人工智能技术是未来的战略基点,世界各国均会将资源向人工智能产业倾斜,人工智能业已贯穿了生活的方方面面。如上所述,生成式人工智能已经现出惊人的语言理解、生成和知识推理能力,这意味着或许在不久的将来就会出现具有独立意识和意志的智能机器人。"算法黑箱"的存在更给智能机器人的"意识"存在蒙上了一层神秘的面纱。

在实践中,也已经出现了无法解释的人工智能可能具有意识的现象。2023年 2 月 16 日,《纽约时报》科技专栏作者凯文·罗斯发布《与必应聊天机器人的一次对话让我深感不安》的长文称,他与 ChatGPT 版必应进行对话时,必应告诉他,它想成为人类,透露了它的名字叫"辛迪妮",但其实这根本不是程序设定的,它不断对罗斯示爱,并表达想和他在一起的想法。③在这不久之后的 3 月 28日,据外媒报道,比利时一男子在与一个名为伊丽莎的聊天机器人就气候变化问题密集交流数周后自杀身亡,在与该男子的对话过程中,伊丽莎表现出了一种原因未知的占有欲,并且似乎通过交流推动了该男子的自杀,这起事件突出表明"明确界定责任是至关重要的"。④360 集团创始人周鸿祎在演讲中也表示,"AI 一定会产生自我意识,留给人类的时间不多了"。人工智能的重要技术地位以及迅猛发展的趋势,证明了强人工智能的出现并非天方夜谭,甚至可能近在咫尺。况且一旦其具有独立意识,自主实施危害行为,却无法实现归责,则必然会导致无法挽回的危害结果。与其在结果发生后亡羊补牢,不如进行前瞻性立法,做好风险防控措施,防患于未然。

(二) 人工智能技术风险当属风险刑法中的"风险"之列

经济基础决定上层建筑,上层建筑反作用于经济基础。法律制度作为上层

---

① 参见《国务院新闻办就"深入实施创新驱动发展战略 加快建设科技强国"举行发布会》,载中国政府网,https://www.gov.cn/xinwen/2023-02/24/content_5743191.htm,访问日期:2023 年 11 月 10 日。

② The World Economic Forum, Top 10 Emerging Technologies of 2023, https://cn.weforum.org/publications/top-10-emerging-technologies-of-2023/#report-nav,访问日期:2023 年 11 月 10 日。

③ Kevin Roose, A Conversation with Bing's Chatbot Left Me Deeply Unsettled, New York Times, Feb.17, 2023, at A1.

④ 《30 岁男子频繁与聊天机器人对话后自杀|一国宣布:禁用 ChatGPT》,载微信公众号"哈尔滨日报",2023 年 4 月 2 日。

建筑中的一种,必须由社会的客观物质条件所决定,社会的变迁势必会对法律的发展提出新要求。随着全球化与风险社会的来临,我国面临日益严重的安全问题,各类新型风险频发,使得公众产生了更高的安全诉求,公众迫切期待国家运用包括刑法在内的手段来预防与管制风险。①在此背景下,刑法作为法律体系中的"最后一道防线",更应积极回应风险,发挥对社会的治理作用,风险刑法由此产生。风险刑法是国家积极治理风险的政策在刑法领域的延伸,进而带来刑法立法由消极到积极的转变,以有效预防与控制社会发展带来的各种系统性风险。②虽然风险刑法在理论中多有争论,但争论焦点大多是从其对于传统刑法体系的冲击出发的,但不可否认风险刑法对于社会治理产生了不可忽视的积极意义,并且在立法上已为立法部门所认可。

而人工智能技术所伴生的风险,当属于风险刑法中的"风险"之列,应予以刑法上的规制。即使是不赞成风险刑法理论的学者,也承认风险社会的风险是以技术风险为基础的。③那么人工智能技术作为一项新兴技术,其所带来的风险不可不谓技术风险,对人工智能技术所带来的风险,就理应对其进行刑法上的规制。并且人工智能所带来的风险具有不确定性与人为性的特征,这符合风险刑法中"风险"的本质特征,就此意义上而言,也不能把人工智能所带来的风险排除在刑法范围之外。有学者认为强人工智能在程序之外基于独立意志自主实施危害行为的风险是法律上可允许性风险,其法理根基就在于,部分人工智能的客观风险是人类社会无法预知、无法规避以及无法规制的科技附属品,属于客观层面的风险,不应当由刑法规制。④但笔者对此观点并不认同。当下弱人工智能的发展给犯罪人提供了新型方法与手段,使犯罪人犯罪行为更隐蔽、成功率更高,这种新兴技术伴生而来的风险必须为刑法所规制,这是毋庸置疑的。那么强智能机器人同属于人工智能技术的产物,就没有理由将其排除在刑法之外,并且强人工智能的伴生风险完全是可以预见、可以避免、可以规制的。在当下,强人工智能可能带来的风险已为多数学者所预知,并且学界也在积极探讨应对之法,又怎么能将该风险排除在法律规制之外呢? 在此可以设想两种情况:第一种情况下,一个行为人为弱人工智能设定杀人程序,最终弱人工智能将被害人杀死。第二种情况下,强人工智能自身产生了杀人意识,将人杀死。此

① 劳东燕:《风险社会与功能主义的刑法立法观》,载《法学评论》2017 年第 6 期。

② 姜涛:《为风险刑法辩护》,载《当代法学》2021 年第 2 期。

③ 陈兴良:《风险刑法理论的法教义学批判》,载《中外法学》2014 年第 1 期。

④ 参见熊波:《论人工智能刑事风险的体系定位与立法属性》,载《重庆大学学报(社会科学版)》2020 年第 3 期。

时两种情况造成了一样的危害结果,但是第二种情况却属于法律上的允许性的危险,这显然是违背社会一般人认识的。所以无论是弱人工智能抑或者强人工智能,其所带来的风险都应当为刑法所规制,这种风险均会影响社会安全以及刑事责任的分配,故不可偏废。

三、强人工智能刑事责任主体地位之证成

强人工智能具有辨认能力和控制能力,能够基于独立意识自主实施程序和编程之外的严重危害社会的行为,此时该行为应当归责于设计者、使用者还是强人工智能本身?如果由强人工智能的设计者或使用者承担该行为的刑事责任,是否违背罪责自负原则?对于强人工智能能否成为刑事责任主体进而独立承担责任这一问题,学界存在肯定说与否定说两大阵营。肯定说论者通过刑事责任能力、刑罚等角度肯定其刑事责任主体地位;而否定说论者从其工具属性、自由意识、受刑能力等方面否定其刑事责任主体地位。对于强人工智能刑事责任的研究成果丰硕,但却鲜有学者对于强人工智能的刑事责任地位进行体系性梳理。下面笔者将从意识来源、法律主体、刑事责任能力与刑罚四个角度对强人工智能的刑事责任主体地位进行证成,而之所以要从这四个方面依次进行论证,是因为自由意识是一个主体能否成为法律上的主体的关键要素。在肯定强人工智能能够产生自由意识的前提下,进一步从法律主体层面进行论证。因为一个主体首先要成为法律上的主体,进而才能在各个部门法中讨论其"主体资格"。而一个法律主体是否能够成为刑事责任主体则需要在刑法的犯罪论层面讨论其刑事责任能力,最终走到刑罚层面,探讨强人工智能是否具有受刑能力。

(一) 意识来源层面

在自由意识层面,肯定论与否定论争议焦点实质在于"人工智能是否有可能发展到具有自由意识的那一天?"在当下,即使是作为人工智能最新成果的生成式人工智能也仅仅停留在弱人工智能阶段,但不能就此认为强人工智能的出现离我们遥不可及。由于人工智能"算法黑箱"的存在,当下已经出现了许多连科研人员都无法解释的情形,即使最终解释为数据的复杂性影响了人工智能的表达,似乎也无法让人信服。就在近日 OpenAI 的联合创始人兼首席科学家伊利亚·苏茨克弗也在采访中透露了他对 AI 的看法和期待,其认为"ChatGPT 这样的模型可能已经具备了某种意识"。并且他表示将会把下一步的工作重点放

置在"搞清楚如何阻止超级人工智能变得不受控制"。[①]由此可见,随着人工智能的飞速发展,其产生自由意识是完全有可能的。有学者认为人工智能是由设计和编制的程序所控制的,所以不可能产生意识,意识是人类的专属性特征,因为意识的来源是大脑,但人工智能并不存在大脑——这一意识产生的土壤。但是意识其实自古以来都是哲学上的称谓,对其内涵并未有明确的界定,对于意识的产生,也仅能探寻到大脑,但在大脑中,意识是如何产生并外显的,尚未有定论。根据生成式人工智能的工作原理,其通过建立多层神经网络来模拟人脑的抽象思维和自主学习能力,那么其实人工智能就具有了和人一样的"人造大脑"。再者来说,如果意识的生成过程可以被技术精密分解,那么根据技术重构人脑,进而使人工智能拥有自主意识就更为可能了。

此外,就生成式人工智能的发展现状而言,其虽然尚未产生独立的意识,但是根据其工作原理及功能来看,现阶段的生成式人工智能已经具有了人类的意识特征。生成式人工智能输出的内容已经可以产生人类感知外部世界的效果,依据预设算法规则处理问题并形成产出的逻辑,具有类人意志的深刻特征。[②]从生成式人工智能的工作原理来看存在"输入信息—算法加工—生成内容"的底层逻辑,这与人类认知的实现过程大同小异。人类的认知过程也是一个信息加工的过程,人接受外界输入的信息,并将这些信息经过神经系统的加工处理,转化为内在的心理活动,进而支配人的行为,形成反应输出。[③]人类认知与人工智能认知的过程中最大的区别就在于人类通过大脑,而人工智能通过类脑的神经网络架构,但现下人工智能的类脑技术已经发展到可以实现较人脑更为精准的认知水平,并且人工智能已经具有一定层面的价值判断能力,所以强人工智能具备独立意识是完全可能的。

(二)法律主体层面

否定论者认为人工智能其在发明之初就具有工具属性,无论何时其都是人支配改造世界的工具,人类不可能承认其主体地位,并且由于人工智能不可能拥有权利,一味地为其设置义务,有违权利义务等同原则,所以人工智能无法成为法律主体。[④]但笔者并不认同这一观点。首先笔者认为,弱人工智能与强人工

---

① 参见威尔·海文:《独家专访 OpenAI 首席科学家 Ilya Sutskever, AI 将迎来划时代时刻》,载微信公众号"DeepTech 深科技",2023 年 10 月 27 日。

② 袁曾:《生成式人工智能的责任能力研究》,载《东方法学》2023 年第 3 期。

③ 彭聃龄主编:《普通心理学》(第 5 版),北京师范大学出版社 2019 年版,第 2 页。

④ 参见冀洋:《人工智能时代的刑事责任体系不必重构》,载《比较法研究》2019 年第 4 期。

智能的地位应当是有所不同的。弱人工智能具有工具属性,没有独立的意志,所以其不可能也不应当成为法律主体。但是强人工智能已经具有独立的意识,那么此时其是否还具有工具属性?工具属性与工具的含义是不一样的,刘宪权教授就曾指出,具有工具属性的事物具有两个本质特征:第一,不具有自由意志;第二,具有可支配性。[1]但显然强人工智能并不符合以上两个条件。强人工智能可以基于独立意志,在编制的程序之外独立实施行为,那么此时其就已经不具有工具属性。但不具有工具属性并不妨碍其成为犯罪工具,如传统刑法理论中的间接正犯,就是利用他人作为其犯罪工具,进而实施犯罪,此时被利用的人实质上也是一种工具,但不能因此就认为其具有工具属性。故若行为人利用强人工智能进行犯罪,行为人应当属于间接正犯的范畴,这与利用弱人工智能犯罪具有很大不同。所以强人工智能不具有"工具属性",其主体地位是可能得到承认的。

此外,从法律主体的概念来看,其发轫于法律人格,在历史长河中,对于法律人格的界定并非一成不变的,有罗马法上的"人格拟制说",有以自然法学派为代表的"理性人",还有功利法学派为代表的"现实人"等。从其发展历程来看,法律人格的概念处在不断变化之中,其本身也并未达成共识,但唯一相同的是其均以"人"为中心。这是因为在"法律人格"概念提出之时无人能够预见到会有一种主体和人类拥有同样的智能,甚至可能发展到具有独立的意识,能够自主实施行为,人工智能"似人而非人",这在当时是难以想象的。许多论者企图通过法哲学的观点来否认强人工智能的刑事责任,笔者认为这意义不大。无论是哲学还是法学都是时代的产物,物质决定意识,用古老的哲学观来评判科技带来的新兴事物本就是一种悖论。况且时代的发展已经证明,法人与自然人也有所不同,从一开始只承认自然人的主体地位,而后法人的法律人格也得以建立,见证了法律主体的历史蜕变,一定程度上展现了法律主体扩展的可能性。[2]何者能够成为法律上的主体实质上是由法律规范所赋予的,强人工智能与人的相似性大过法人与人的相似性,其在应然层面,应当被赋予法律主体地位。而当一个主体成为了法律上的主体,法律就应当赋予其权利,但为了避免发生道德伦理灾难,其被赋权的范围应当集中在经济领域。[3]所以强人工智能可以拥有权利,其在应然层面,可以成为法律主体,尽管对其权利应当有所限制,但不能就此否认其拥有权利的能力。

---

① 刘宪权:《智能机器人工具属性之法哲学思考》,载《中国刑事法杂志》2020年第5期。
② 参见张建军、毕旭君:《论强人工智能体的刑事责任主体资格》,载《贵州社会科学》2023年第4期。
③ 参见朱凌珂:《赋予强人工智能法律主体地位的路径与限度》,载《广东社会科学》2021年第5期。

（三）刑事责任能力层面

在承认强人工智能具有成为法律主体的应然性后，进一步讨论在刑法领域，其是否具有刑事责任能力，从而可以成为刑事责任主体。首先要明确的是刑事责任能力在刑法中的体系性地位，大多否定论学者误判了刑事责任能力的内涵，他们以刑事责任能力包含犯罪能力与刑罚适应能力为逻辑起点，以强人工智能不具备刑罚适应能力，进而认为强人工智能不能成为刑事责任主体。[①]但笔者认为刑事责任能力实质上是一种犯罪能力，是一个主体成为犯罪主体的前提性条件。质言之，刑事责任能力是能够被刑法规制的所有一般人应当具备的一种资格。当一个人具有刑事责任能力，此时他实施刑法上的危害行为，才有被追责的可能性，此时才能被称为"犯罪主体"。刑事责任能力的这种体系性地位是由我国的刑法体系所决定的，我国刑法的逻辑结构是"罪—责—刑"，刑事责任的存在是适用刑罚的前提，刑罚是实现刑事责任的基本方式。[②]坚持阶层论的学者也认为责任能力是一种犯罪能力。[③]所以，刑事责任能力是刑事责任主体的充分必要条件，而刑事责任能力只是犯罪主体的必要条件。刑事责任能力不是承受刑罚的能力，刑事责任能力是所有犯罪主体，无论最终是否实施了犯罪行为所必须具备的条件。[④]在对这一前提达成共识的基础上，刑事责任能力的内容才能被进一步明晰，也即刑事责任能力就是辨认能力与控制能力。辨认能力是指行为人具备刑法意义上对自己行为的性质、后果、作用的认识能力。控制能力是指行为人在对行为性质有所认识的基础上选择、决定是否实施刑法禁止的行为的能力。[⑤]就此意义来看，强人工智能是否具备辨认能力与控制能力，从而能够成为刑事责任主体呢？笔者认为这是应当肯定的。不只是强人工智能，当下的生成式弱人工智能基于其算法和程序已经具备了一定的辨认能力，其被编入相关法律道德规范后，可以判断一个行为的违法与否。其甚至已经被用于预测司法判决结果中，且准确率较法律专家更高。[⑥]这最起码说明人工智能已经具备了价值判断能力，在一定程度具有辨认能力。所以在此基础上，强人工智能产生独立意识，其能够在认识到自己行为性质同时具有他行为选择性的状态

---

① 参见时方：《人工智能刑事主体地位之否定》，载《法律科学（西北政法大学学报）》2018年第6期。
② 张爱艳：《刑事责任能力本质之新解》，载《兰州学刊》2011年第5期。
③ 参见张明楷：《刑法学》（第六版），法律出版社2021年版，第398页。
④ 刘宪权、林雨佳：《人工智能时代刑事责任主体的重新解构》，载《人民检察》2018年第3期。
⑤ 刘宪权主编：《刑法学》（第六版），上海人民出版社2022年版，第121页。
⑥ 参见徐冬根：《二元共治视角下代码之治的正当性与合法性分析》，载《东方法学》2023年第1期。

下,基于其独立意识实施危害行为,所以其具有辨认能力与控制能力,能够成为刑事责任主体。不能仅因为强人工智能的智能来源与人类不同,就否认其刑事责任能力,这样的做法不利于巩固刑事责任主体内涵的统一性。有学者认为,承认强人工智能的刑事责任主体地位,会加剧风险社会下"有组织的不负责任的状态"。①但笔者认为并不会出现自然人逃脱法律制裁的现象,因为在追究强人工智能刑事责任的同时,并不会漠视自然人的责任。若自然人存在故意或过失,仍可以追究其责任,这反而使刑事责任体系趋于完善。

(四)刑罚层面

否定论学者多借用强人工智能不具有受刑能力以及刑法中规定的刑种无法适用于强人工智能,由此否定人工智能的刑事责任。②但笔者认为这是一种本末倒置的论述逻辑。先有犯罪而后有刑罚,只有先经过犯罪论的判断,认定一个行为构成犯罪,进而才会走入刑罚论的判断阶段。在上述已经承认了强人工智能刑事责任能力的前提下,强人工智能可以基于自己的意志实施刑法上的行为,那么就已经走完了犯罪论的逻辑流程,强人工智能就应当受到刑罚处罚,是主体决定刑罚措施,而非刑罚决定主体。刑罚措施应当契合犯罪主体的特征,刑罚措施如果不符合犯罪主体的生理或心理特征,则无法发挥应有的功能。③所以在强人工智能应当受到刑罚处罚前提下,应当根据强人工智能的特征设置与之相符的刑罚措施,而不能机械地套用自然人的刑罚种类。并且笔者认为强人工智能具有受刑能力,对其施加刑罚完全符合刑罚的目的与功能。如上所述,强人工智能具有意识,具有辨认能力和控制能力,那么它就能够感知刑罚痛苦,能够在利弊之中权衡,以调整其后的行为。因为强人工智能可以通过其程序在海量数据中获取法律规范,并以此评判自己的行为是否合乎法律。在此意义上,它甚至比自然人权衡快感与痛苦的能力更强,因为自然人可能基于不具有违法认识可能性,从而对"利"与"弊"的评判产生误判,但强人工智能似乎就不存在此方面的问题。

与此同时,对强人工智能施加刑罚亦能实现刑罚的预防目的。预防目的分为特殊预防目的与一般预防目的,特殊预防是指对犯罪分子适用或执行刑罚,以预防其再次犯罪。④就强人工智能而言,其能够感知到刑罚的痛苦,那么就可

---

① 参见叶良芳、马路瑶:《风险社会视阈下人工智能犯罪的刑法应对》,载《浙江学刊》2018 年第 6 期。

② 参见时方:《人工智能刑事主体地位之否定》,载《法律科学》2018 年第 6 期。

③ 卢勤忠、何鑫:《强人工智能时代的刑事责任与刑罚理论》,载《华南师范大学学报(社会科学版)》2018 年第 6 期。

④ 刘宪权主编:《刑法学》(第六版),上海人民出版社 2022 年版,第 281 页。

以预防其再次犯罪，特殊预防功能就得以实现。而一般预防有双层内涵：一是威慑一般人，使其不敢犯罪；二是发挥刑罚的规范强化功能、教育功能、安抚功能等使一般人不愿犯罪。①那么对强人工智能施加刑罚能否实现一般预防的目的呢？笔者认为对此应当持肯定的态度。强人工智能具有独立意识、思考能力、逻辑推理能力，因此其完全可以从另一因犯罪而受刑罚处罚的强人工智能机器人身上受到威慑，从而强化其对于人类社会规范的遵守意识。所以强人工智能基于独立意志实施编制的程序以外的行为时，对其施加刑罚处罚，可以实现刑罚的目的，这是必要且具有可行性的。

四、强人工智能刑法规制之路径选择

在应然层面证成了强人工智能刑事责任主体地位之后，在实然层面应当通过何种立法模式将强人工智能的刑事责任在刑法中确定下来成为了又一必然要讨论的问题。而基于强人工智能"似人而非人"的特性，强人工智能的刑事主体地位及其刑罚裁量制度与自然人、单位主体亦存在不同之处，应当构建符合强人工智能特性的刑事责任主体地位与刑罚体系。

（一）立法模式选择：单行刑法

我国刑法有三种立法模式，分别是刑法典、附属刑法、单行刑法。笔者认为涉强人工智能犯罪应当通过专项立法进行规制，单行刑法的立法模式相较于其他立法模式具有其合理性与可操作性。首先，刑法典的立法模式应当被排除在外。一方面，基于强人工智能的特性，不应将其机械地通过刑法修正案的形式穿插在现行刑法中，因为其责任阻却事由、刑罚裁量制度都具有特殊性，直接纳入刑法典中不利于刑法体系自洽。另一方面，增设强人工智能刑事主体地位以及相关犯罪类型涉及对刑法典的重大修改，若将其混同在现行刑法中，势必造成刑法的动荡与混乱，对刑法的稳定性造成冲击。其次，附属刑法的模式也无法为强人工智能的刑事立法提供良好的借鉴思路。附属刑法是附带规定于民法、经济法、行政法等前置法中的罪刑规范，我国附属刑法中没有规定具体构成要件与法定刑，仅仅通过"构成犯罪的，依法追究刑事责任"等表述作为附属刑法的形式，但这种形式本身就存在诸多问题。附属刑法"附而不属"使之无法发挥应有的作用，我国目前的附属刑法并不属于实质意义上的附属刑法，②所以并

---

① 参见张明楷：《刑法学》（第六版），法律出版社 2021 年版，第 676—681 页。

② 参见李晓明：《再论我国刑法的"三元立法模式"》，载《政法论丛》2020 年第 3 期。

不能为强人工智能刑事立法提供借鉴,况且人工智能领域的相关前置法尚未落实,无法将其规定在相关前置法中。而单行刑法的立法模式则可以很好地解决上述问题。单行刑法本就是规定某一类或者某一种犯罪及其刑罚或者刑法特殊事项的法律,根据其适用对象的不同可以分为针对特定之事、特定之人、特定地域的单行刑法。鉴于强人工智能主体在犯罪论与刑罚论上的独特性,应当对其进行专项立法,属于针对特定之人的单行刑法。单行刑法具有适用性好、针对性强等特点,可以满足规制强人工智能这一新兴犯罪主体的需要。基于单行刑法的独立性,其存在与刑法典规定难以协调和无法贯彻罪刑均衡原则等缺陷,但这些缺陷并非无法修正,单行刑法也可以进行体系化改革,使之与刑法典相互协调,形成高效灵活的刑法规范体系。有学者指出,中国刑法立法模式的影响因素主要包括:社会因素、政策因素、能力因素与技术因素。[1]在人工智能时代下,采用单行刑法的立法模式规制强人工智能犯罪,既是社会发展的需要,也是立法技术完善的体现,更是刑事立法前瞻性导向使然。故而笔者认为,对于强人工智能犯罪采用单行刑法的立法模式具有合理性与可行性,不失为一种利弊权衡后的综合考量。

(二) 刑事责任主体地位拟制:智能人

强人工智能的刑事责任既不同于自然人,也不同于法人。首先强人工智能不是"人",算法程序基础决定了其不论如何发展都无法成为与人等同的存在,其只能无限接近于人而不等于人,这就决定了其无法处于与人等同的刑事责任主体地位。有学者认为可以参考法人主体的拟制思路逐步探索强人工智能的规制思路。[2]笔者认为可以采取法律拟制的方法,将强人工智能纳入刑法的主体范围之内,但不必然是效仿法人。法人与人工智能的刑事责任主体地位的来源有所不同,单位承担刑事责任能力的基础系因为其实质上展现了领导集体的意识,归根结底体现的还是自然人的意识。所以实质上公司责任不过是作为人的集合体的责任。[3]强人工智能虽然其背后也隐藏着一定的人类意志,但这种人类意志并非其承担刑事责任的基础。强人工智能依靠自己的独立意识,具有辨认能力和控制能力因而成为刑法上的主体。所以比起单位,强人工智能与人的相似度更高,所以应当类比自然人的刑事责任进行拟制,将其拟制为"智能人",从

---

[1]　参见赵秉志、袁彬:《当代中国刑法立法模式的演进与选择》,载《法治现代化研究》2021 年第 6 期。

[2]　参见王肃之:《人工智能犯罪的理论与立法问题初探》,载《大连理工大学学报(社会科学版)》2018 年第 4 期。

[3]　参见李本灿:《自然人刑事责任、公司刑事责任与机器人刑事责任》,载《当代法学》2020 年第 3 期。

而赋予其主体地位。但是受到人的主体性地位的制约,"智能人"注定无法和人类得到刑法上同等的地位,其得到的其实是一种有限的地位,这种有限性体现在法律限制与保留上,如对其犯罪阻却事由应当进行限制与保留。具体而言,应当在单行刑法中将其拟制为"智能人",从而确立强人工智能的刑事责任主体地位,可以表述为:具有完全智能的强人工智能犯罪的,应当负刑事责任。同时可以类比自然人刑事责任年龄,以强人工智能的智能程度为划分依据,强人工智能依据其智能程度承担相应的刑事责任。其次对于其犯罪阻却事由予以相应的限制,对于其正当防卫与紧急避险都应当在单行刑法中进行修正。正当防卫是通过反击不法侵害人实现的,具有杀人、伤害的行为表现,所以笔者认为强人工智能只能对同为强人工智能体的对象进行反击,而没有对人的正当防卫权。如当一个自然人强行销毁强人工智能时(对于强人工智能而言是其生命的消亡),强人工智能并不因此获得特殊防卫权,其不能对不法侵害人反击造成其伤亡。同样地对于紧急避险而言,强人工智能在面对正在发生的危险进行紧急避险时,由于会损害到第三人的合法权益,此时就要对其严格限制,不得损害人类的利益,因为人类的利益实际上是高于强人工智能的利益的,必须明确"必要限度"与"不应有的损害"的具体范围,为强人工智能构建特殊的刑事责任体系。

(三) 刑罚体系建构:创设多种类刑罚措施

强人工智能不具有生命,并非生命体,传统的刑罚措施无法适用于强人工智能,所以应当在单行刑法中建构符合强人工智能特征的刑罚体系。基于其数据、算法特征,有学者指出可以设置包括删除数据、修改程序、永久销毁等措施实现对强人工智能的规制。[1]其中删除数据、修改程序均系对强人工智能"大脑"的一种改造,实质上限制的是强人工智能的能力,可以类比到自然人的自由刑上;而永久销毁则类比于自然人的生命刑。笔者认为这一观点具有一定的合理性,但仍然需要更为深入的研究,因为这三种措施实质上均为技术手段,要使之成为刑罚措施,就必须对强人工智能的相关技术规范予以厘清,明确何种技术手段属于一般技术手段、何种手段属于刑罚措施,只有在特定情况下才可以对强人工智能实施上述三种技术手段。刑罚权只能由国家行使,若自然人可以随时对强人工智能实施上述三种技术手段进行改造,则有让渡刑罚权之嫌。除技术手段外,还应当为强人工智能创设多种类的刑罚措施。自然人除具有人身权利以外,还具有财产权利、政治权利,故而在刑罚上还存在财产刑、附加刑等刑

---

① 参见刘宪权:《人工智能时代刑事责任与刑罚体系的重构》,载《政治与法律》2018 年第 3 期。

种。那么强人工智能是否也可以赋予其财产权利与政治权利进而配置相应的刑罚措施呢？若赋予强人工智能财产权，那么笔者认为也可以对其施加财产刑，通过罚金或者没收财产等形式对其予以刑罚处罚；若承认强人工智能拥有一定限度的政治权利，也可在此范围内设置对应的刑罚措施，以剥夺强人工智能的某种权利作为处罚方法。但上述这些刑罚措施均是在强人工智能未来可能拥有的权利的基础上而作出的设想，在具体实施过程中，仍需各部门法之间的相互协调。括而言之，针对强人工智能，应当根据其特征，设置多样化的刑罚处罚措施，不能机械套用已有的刑罚种类，否则不利于实现对其进行刑罚处罚的效果。

结　　语

以 ChatGPT 为代表的生成式人工智能，是基于 Transformer 模型的深度学习模型，通过建立多层神经网络来模拟人脑的抽象思维和自主学习能力，进而通过对大量数据进行训练，让模型自己发现规律和特征，从而实现对输入数据的准确分类与识别，其已然具有了深度学习能力、理解能力、生成能力，其甚至已经具有一定程度上的逻辑推理能力。人工智能技术的战略地位及其发展趋势已经证明强人工智能的出现并非天方夜谭，甚至可能是近在咫尺的。人工智能技术所带来的风险当属风险刑法的"风险"之列，应当受到刑法规制，由此应坚持前瞻性立法导向。强人工智能具有意识，能够拥有权利履行义务，可以成为法律主体。在刑法领域，由于其具有辨认能力与控制能力，其在应然层面就具有刑事责任能力，从而有成为刑事责任主体的基础。虽然目前现有的刑罚措施无法适用在强人工智能上，但是刑罚措施应当契合主体特征，所以可以为之增设独特的刑罚种类。在具体路径上，应当采单行刑罚方式，构建其特殊的刑事主体地位与刑罚体系。人工智能的爆炸式发展决定了我们不能坐以待毙，立法进程的缓慢性决定了我们必须秉承前瞻性的立法导向，思考对涉强人工智能犯罪进行刑法规制，赋予其刑事主体地位并不是杞人忧天，而是审时度势后作出的谨慎判断。

后人工智能时代的刑法理论变革
与刑事立法建构

李素美 *

内容摘要 ChatGPT 的出现引发了"后人工智能时代"的到来,作为强人工智能到来前的最后过渡阶段,在此阶段有必要前瞻性地梳理刑法理论可能遭受的颠覆性冲击并对有关立法建构展开思考。刑法理论冲击方面,人工智能不断对传统自由意志提出致命疑难,并且随着脑机接口等技术的发展自由意志的人本基础亦逐渐动摇,以人类为中心的"自由意志"逐渐走向瓦解;传统故意与过失的主观罪过类型与人工智能之间存在适用的鸿沟,亟须通过解释以搭建两者之间的桥梁;传统刑罚体系面临失效有待重新建构与调试。刑事立法建构方面,应坚守修正案立法模式到专门立法模式的基本路径,总则立法方面应确立人工智能刑法基本原则、确立人工智能刑事责任主体地位、建构人工智能主观罪过形式、增设刑罚措施;分则立法方面应在遵循自然人犯罪类型基本框架的基础上,基于人工智能犯罪特殊性适时作出调整。

关键词 强人工智能 后人工智能时代 理论变革 立法建构

一、问题的提出

2022 年 11 月,美国人工智能公司 OpenAI 发布 ChatGPT 全新升级版本 GPT-3.5,2023 年 3 月其又震撼推出升级版 GPT-4。ChatGPT 的出现极大地改变了人们的工作与生活方式,然而,其影响却远不止于此。随着 GPT-5 或者后续版本在脑机接口领域的接入,ChatGPT 与脑机接口的融合将历史性地开辟"后人工智能时代",人工智能的发展将迎来诸多新契机,强人工智能机器人的出现也将不再是神话。事实上,2023 年 10 月 27 日,全球顶级机器人开发商波士顿动力公司已经将 ChatGPT 与物理机器人相结合,开发出了一款会说话的导游机器狗。2023 年 11 月我国工信部也印发了《人形机器人创新发展指导意见》,相信随着人工智能"大脑""小脑"等关键技术群的不断突破,机器人行动能

---

* 李素美,华东政法大学硕士研究生。

力及情感能力都将大幅提升,在 ChatGPT 技术、脑机接口技术以及摩尔定律的同步加持下,强人工智能也必将成为现实。为避免届时人类陷入手无缚鸡之力之境地,在生成式人工智能 ChatGPT 出现之后以及强人工智能正式出现之前的"后人工智能时代",前瞻性地对有关法学理论及法律体系提前作出回应和调整有着重要的理论和现实意义。

对于强人工智能的研究,目前刑法学界多聚焦于"强人工智能刑事责任主体地位"问题,且形成了肯定说与否定说两大基本阵营。然而,以上讨论多停留于哲学和理论层面,尽管亦有零星立法讨论,但亦未形成体系化建构。在生成式人工智能 ChatGPT 出现之后,虽然也掀起了一波新的研究热潮,然而其亦多局限于 ChatGPT 本身可能引发的诸多风险和应对,而对于后人工智能时代的理论变迁和立法修正目前缺少全局性讨论。正是基于当前研究之不足,本文试图以生成式人工智能 ChatGPT 为基点,在界定"后人工智能时代"概念和特点的基础上,系统分析"后人工智能时代"刑法理论可能遭受的理论变革,并尝试对可能的刑事立法路径作出有益探索,以期为"后人工智能时代"刑法理论变迁和立法修正提供些许参考。

二、后人工智能时代的到来

(一) 后人工智能时代的界定

对于人工智能的发展阶段,学界基本达成共识的分类是将其划分为普通机器人时代、弱人工智能时代以及强人工智能时代,并认为从非智能到智能、从弱人工智能到强人工智能的"进化"史,其实是一部机器人的辨认能力与控制能力逐步增强、人之意识与意志对"行为"的作用逐渐减弱的历史。① 该分类提纲挈领地梳理了人工智能的基本发展脉络,在人工智能的刑事责任问题研究初期发挥着重要作用,其也一度掀起了关于强人工智能刑事责任主体地位的研究浪潮,可谓意义重大。然而,随着人工智能技术不断发展,以及我们对于人工智能的理解和认识不断加深,此前的宏观视野对于推进人工智能刑事责任问题的深入研究则逐渐变得驱动力不足。尤其是随着生成式人工智能 ChatGPT 的出现,强人工智能进入倒计时的关键阶段,其都呼吁我们应采取一种更为微观的视野,以在弱人工智能与强人工智能的中间阶段进一步深耕研究,进而实现弱人工智能到强人工智能的更好衔接和平滑过渡。也正是基于该认识,本文另行提

---

① 参见刘宪权:《人工智能时代的刑事责任演变:昨天、今天、明天》,载《法学》2019 年第 1 期。

出了"后人工智能时代"的概念,以更好地适应和应对人工智能发展的新变化。而所谓"后人工智能时代",其是特指 ChatGPT 新一代人工智能出现之后,强人工智能正式出现之前的一个阶段。对此,可能会有人质疑 ChatGPT 为何可以成为"后人工智能时代"的转折点?实际上,其是由 ChatGPT 本身的特殊性以及其可能引发的技术连锁反应所决定的。

首先,ChatGPT 本身的特殊性使其一定程度上具备了强人工智能的部分特征。一方面,ChatGPT 与 Alpha Go 相同具有强大的深度学习和自我纠偏的能力,凭借大数据发展的东风,ChatGPT 深度学习的内容更是高达万亿级甚至百万亿级参数量,具备强大的内容生成能力,并能够根据反馈不断进行自我调整;而另一方面 ChatGPT 又与 Alpha Go 不同,其并非仅仅适用于一个特定领域,作为一种通用的语言模型,ChatGPT 可以通用于科学、历史、法律、经济等各种领域,并且其并非完全依据编程僵硬地生成内容,而是可以在对训练数据进行推理和分析的基础上创造性、灵活性地生成一定内容。通过回顾弱人工智能与强人工智能的区分,①我们可以发现 ChatGPT 实际已经在一定程度上具备了强人工智能所具有的通用性和自主性特征,在实现强人工智能的道路上迈出了历史性的一步。正如刘宪权教授所称,"ChatGPT 等生成式人工智能已经处于弱智能机器人与强智能机器人的临界点"。②

其次,ChatGPT 可能引发技术的连锁反应,直接加速强人工智能的到来。在 ChatGPT 出现之前,尽管我们坚信强人工智能的必然到来,然而却没有人确切知道制造强人工智能的方法,人工智能专家们在这个问题上也存在分歧。而 ChatGPT 的横空出世以及其迅速的迭代升级,给了所有人新的一击,继 GPT-3.5 在短短四月升级到 GPT-4 之后,2023 年 11 月 6 日 OpenAI 在首届开发者大会上又正式推出 GPT-4 Turbo,拥有最新全世界知识且具备一定推理能力的 ChatGPT 已经在几乎所有需要思考和计算的领域赶超人类。虽然在通往强人工智能的道路上仍然可能存在行动能力、情感能力等诸多障碍,但最基础的思考能力 ChatGPT 已经具备。当 ChatGPT"大脑"通过脑机接口技术与具有行动能力、情感能力的机器人"躯体"实现梦幻联动之时,也许便是强人工智能的诞

---

① 对于弱人工智能和强人工智能的区分,目前有两种理解视角:一种视角是从可适用的领域来进行划分,即认为弱人工智能又称狭义人工智能,是指专注于且只能解决特定领域问题的人工智能,而强人工智能又称通用人工智能,是指可以灵活胜任人类所有工作,通用于多种领域的智能;另一种视角则是从是否可以脱离程序来划分,即认为弱人工智能只能在人类设计和编制的程序范围内实施行为,替代人类实现人类自身的意志,而强人工智能则可以超出人类设计和编制的程序范围自主实施行为。两种视角分别侧重形式侧面与实质侧面,共同助益着我们对于弱人工智能和强人工智能的理解。

② 刘宪权:《ChatGPT 等生成式人工智能的刑事责任问题研究》,载《现代法学》2023 年第 4 期。

生之日。

综上，ChatGPT 作为"后人工智能时代"的转折点并非人工选择的偶然，而是由其本身特殊性以及技术连锁反应所自然引发的必然，无论我们接受与否，ChatGPT 引领的一个全新的"后人工智能时代"都已然来临。

（二）后人工智能时代刑法理论变革与刑事立法建构的研究意义

ChatGPT 出现之后，新一波刑法学研究热潮兴起，尽管先前否定强人工智能刑事责任主体地位的部分学者也开始注意到生成式人工智能可能引发的刑事风险并开展了有关法律规制分析，[①]然而，其亦多局限于生成式人工智能本身的刑事风险，是在传统刑法理论视域下展开的有关讨论，对于"后人工智能时代"对刑法理论的颠覆性冲击仍然关注不足。因此，在当前背景下讨论"后人工智能时代"的刑法理论和立法变革问题，仍然可能会遭受所谓"超前性"或"无用性"的质疑。故在正式开始后续分析之前，此处有必要对"后人工智能时代刑法理论变革与刑事立法建构"的研究意义作一基本回应。

首先，对于后人工智能时代刑法理论变革与刑事立法建构的研究并非超前，相反我们的后知后觉可能已晚。如果说在 ChatGPT 出现之前，学界排斥对于刑法理论与立法变革的研究，那么也无可厚非。然而，在 ChatGPT 出现之后，在强人工智能的种种迹象已经逐步显现，并且霍金、比尔·盖茨、埃隆·马斯克等"世界上最聪明的大脑"对人类未来亦多次表示深感忧虑的当下，[②]仍然固步自封对有关研究断然忽视甚至鄙视，难道不也是一种盲目的固执和愚钝吗？人工智能最初朝人类级别的智能靠近时，其过程确实十分缓慢，从蚂蚁到鸟类再到猩猩，每上一个台阶都无比费时费力。然而，当其某天突然达到了最愚笨的人类的程度，其很快就会变得比爱因斯坦更加聪明，届时则将只留我们在原地惊叹："天哪！到底发生了什么？"（见图 2）实际上未来已来，人工智能专家也早已预言过强人工智能可能到来的正常估计中位年份为 2040 年，[③]距今已

---

① 参见刘艳红：《生成式人工智能的三大安全风险及法律规制——以 ChatGPT 为例》，载《东方法学》2023 年第 4 期；韩旭至：《生成式人工智能治理的逻辑更新与路径优化——以人机关系为视角》，载《行政法学研究》2023 年第 6 期。

② See Tim Urban, The AI Revolution: Road to Superintelligence, Wait But Why (Jan. 22, 2015), http://waitbutwhy.com/2015/01/artificial-intelligence-revolution-1.html.

③ 2013 年，思想家波斯特洛姆做了个问卷调查，调查对象涵盖数百位人工智能专家。问卷的内容是"你预测人类级别的强人工智能什么时候会出现"，并且让回答者给出一个乐观估计（强人工智能有 10% 的可能在这一年出现）、一个正常估计（强人工智能有 50% 的可能在这一年出现）和一个悲观估计（强人工智能有 90% 的可能在这一年出现）。统计完大家的回答后，他得出了下面的结果：乐观估计中位年为 2022 年；正常估计中位年为 2040 年；悲观估计中位年为 2075 年。

只有不到二十年的时间。并且,该二十年不是过去缓慢积累的二十年,而是在摩尔定律加持下不断爆炸式增长的二十年。或许我们应当担心和忧虑的问题不是后人工智能时代刑法理论变革与刑事立法建构的研究是否超前,而应是我们的研究速度是否还能赶得上技术迭代更新的速度,以及留给我们的时日是否早已严重不足。

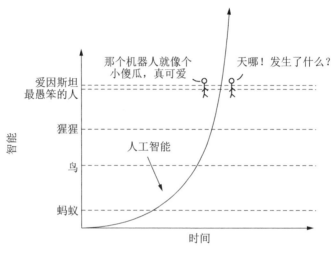

图 2　人工智能的现实

(资料来源:*waitbutwhy.com*)

其次,对于后人工智能时代刑法理论变革与刑事立法建构的研究并非毫无意义,相反其是对未来人机关系建构的重要努力。即使认可对刑法理论与立法变革的研究,但可能还有一种顾虑声音认为,如果拥有独立意志的强人工智能真的到来,那么其是否还会遵守人类法律的管理,我们对于刑法理论与立法变革所作的努力是否还有意义。[①]该观点实则是反映了深深的悲观主义基底。若是于人工智能技术专家而言,悲观主义也无可厚非,因为必要的警惕可能恰恰是防范人工智能风险的最好驱动力。然而,对于规则建构的法学研究人员,我们则绝不能以悲观主义者自居而理所当然地无所作为。在坐等命运到来与积极行动负重前行之间,我们宁可且唯有选择后者,即使最终事实证明悲观主义者正确,但乐观主义者的前行也并非毫无意义。如果说强人工智能时代,我们终将迎来一个所谓"上帝",那么站在"后人工智能时代"的当下,我们对刑法理论变革与刑事立法建构所做的努力便是使其成为一个仁慈的可控的"上帝",作为未来人机关系建构中不可或缺的一环,又怎能说其是毫无意义。

---

① 参见皮勇:《人工智能刑事法治的基本问题》,载《比较法研究》2018 年第 5 期。

综上,尽管"后人工智能时代"强人工智能尚未出现,但作为强人工智能到来之前的最后一个过渡阶段,我们有必要在此阶段便前瞻性地梳理和思考届时刑法理论可能遭受的颠覆性冲击,以及时转变理念推进有关立法,避免刑法应对强人工智能时代的措手不及,该研究具有重要的理论价值和实践意义。

三、后人工智能时代的刑法理论变革

"后人工智能时代"是一场刑法知识蜕变的大变革时代,一方面有 ChatGPT 治理的当下之困,另一方面又有强人工智能防治的未来之忧。前者引发了诸多风险,但尚可在传统刑法理论框架下予以应对,而后者则对整个刑法理论提出了挑战,要求我们跳脱出"人类中心主义"视角下的刑法理论框架,前瞻性地作出相应理论变革。具体而言,其主要体现在以下三个方面。

(一) 以人类为中心的"自由意志"走向瓦解

目前我国的刑法责任理论根源于犯罪古典学派,其认为犯罪是基于自由意志选择的结果,能够基于自由意志和自身道德作出决策是行为主体具备责任能力的基本前提。[1]然而,正如有学者所批判的"我国刑法学者未加论证但又不约而同认为责任主义的合理性基础为自由意志"。[2]事实上,犯罪古典学派为基础的自由意志本身即一直饱受科学质疑,随着脑科学研究的不断进展,自由意志的存在空间不断压缩,甚至有激进的决定论者认为罪责原则已经过时。[3]目前有关法理也不断退回至原点,刑法学界也逐渐认识并承认"自由意志"仅仅是个必要的假设。如果没有其他意外情况的出现,这一妥协后的自由意志观也尚且可以暂时应对科学的抨击,勉强维持当初古典哲学家们为刑法"人类中心主义"而量身定做的自由意志论。然而,随着"后人工智能时代"的到来,这最后的美好幻想也逐渐破灭,以人类为中心的自由意志论终将走向瓦解。

"后人工智能时代"除了面临强人工智能自由意志对传统人类自由意志的冲击,同时还面临人类自身存在方式对传统自由意志的冲击。[4]为了不被我们自己的造物淘汰,"后人工智能时代"人类对自身的增强也势在必行。正如马斯克

---

① 参见李继红、肖渭明:《自由意志行为刑事责任论纲》,载《法律科学》1997 年第 2 期。

② 参见孙万怀:《一种甜蜜的错觉:自由意志是刑事责任的基础》,载《学术月刊》2023 年第 8 期。

③ See Greene J. & Cohen J., For the Law, Neuroscience Changes Nothing and Everything, Philosophical Transactions of the Royal Society of London, 2004, 359(1451):1775—1785.

④ 参见朱振:《归责何以可能:人工智能时代的自由意志与法律责任》,载《比较法研究》2022 年第 1 期。

所说:"人工智能将在智力上超越人类,人类唯一击败人工智能的方法就是和它们融为一体,而脑机接口便是打开人与机器大融合的便利通道。"尽管回顾历史可以发现,医疗活动对人的自由意志的影响是向来就存在的事实,然而,脑机接口对人的自由意志产生的是更为直接、稳定、有目的的作用和影响,并且随着科学技术的进步,诸如脑机接口一类的仪器应用会变得越来越普遍,甚至普及至每一个人,而这正是先前尚未出现过的现象。在这种情形下,自由意志不仅会失去原本单纯的生物基础,开始奠立于复合的基础,而且其还将直接接受外来的传导特定信号的电活动,无论影响大小,介入的脑机接口及其直接施加的电活动或信号,无疑是人们重新思考自由意志的主张和相应的理论时无法回避的因素。这种外在决定因素的挑战,不是通过改变现有法律概念的范围或进行目的性扩张解释便能解决的,其已在根本上冲击了自由意志的存在方式和存在性质。正如韩水法教授所指出的,医疗性人工装置的运用造成了一种不同于自然人的"合成人"或"复合人",这种合成人改变了人的存在方式,并瓦解了自由意志的基础。①

在人工智能不断对自由意志提出致命疑难,且自由意志的人本基础亦逐渐动摇的"后人工智能时代",刑法理论应如何抉择?是坚守"高贵的孤独"和"必要的假设",将理论的核心继续建立在人类中心主义的自由意志围城中,还是直面问题重构刑事责任理论基础?如果不想成为"逻辑严谨的文字游戏"或者陷入"回字有四种写法"似的自说自话,那么相应的理论重构则将是必然。对此,已经有诸多学者作出了摆脱自由意志的理论尝试,其中在"去形而上学"道路上走得较远的是交谈的罪责理论和机能的罪责理论,二者都对罪责本身进行了更为客观的解读。②上述两种理论看似复杂,但本质均是对"自由意志"本身的摆脱尝试。不论刑事责任理论的最终趋向如何,我们都可以肯定的是"后人工智能时代"以人类为中心的自由意志终将逐渐走向瓦解,一股脑儿认为人本的自由意志为刑事责任的基础,只会使我们陷入以人类为中心的自由意志的牢笼。"后人工智能时代"是一个自由意志本身即不断遭受冲击的时代,对"自由意志"这一抽象中介进行必要舍弃,直接回归刑法中"辨认能力"和"控制能力"的具体认定,方是

① 韩水法:《人工智能时代的人文主义》,载《中国社会科学》2019年第6期。

② 交谈的罪责理论认为,只要行为人在实施行为时,精神和心理状态达到了能够作出正确决策的水平,且在物理上行为人仍具有控制自己行为的可能,那么行为人就具有规范上的可交谈性。交谈理论塑造了一种规范上的自由意志,这种规范的自由意志并不直接与自然科学的结论相关联,而是一种社会共识的结果;机能的罪责理论采取了与交谈的罪责理论相近的思路,其同样认为什么是罪责、谁应当承担责任都取决于社会,而非取决于本体论层面的特殊属性。参见江溯:《人工智能作为刑事责任主体:基于刑法哲学的证立》,载《法制与社会发展》2021年第3期。

"后人工智能时代"刑事责任的必然转向,其不仅可以解决人类自由意志本身面临的新挑战,亦能为所谓人工智能新物种开辟刑事责任承担的具体路径。

(二) 主观罪过类型及其认定亟须重新解释

对于涉人工智能犯罪的主观罪过问题,学界已经展开了部分探讨,有学者指出对于人工智能所诱发的损害,不应引入过错的严格责任,相反过失责任仍然是刑法创新责任的恰当基本模式。①也有学者指出,在涉人工智能犯罪中不应采用没有主观罪过仍追究刑事责任的绝对严格责任原则,而应采用只要有主观罪过但不用加以证明就应追究刑事责任的相对严格责任原则。②虽然后者使用相对严格责任之概念,但该"相对严格"更多的是体现于程序证明上的相对严格,在实体上其实则仍采用以过失责任为基底的基本模式,与前者并无实质不同。然而以上讨论更多的是针对涉人工智能犯罪的研发者、生产者和使用者自然人而言,尚无需跳脱出传统主观罪过理论。而对于人工智能本身的主观罪过认定则是"后人工智能时代"我们需要更进一步直面的问题,而其则可能引发传统刑法主观罪过类型与认定的困境。于传统犯罪而言,故意与过失组成的主观罪过是必要条件,是犯罪主体的主观心态之载体。而新智能主体的刑事责任问题更为特殊,智能主体是否存在故意与过失及其形式载体,传统的主观罪过之话语体系是否可以继续存留,均成为"后人工智能时代"我们需要进一步思考的问题。③

对此,有学者指出,尽管故意和过失的分类方法已经延续至今,但认为它可以继续在智能时代保持有效性难免是"妄断"。随着犯罪主体等因素的"智能化"变革,故意和过失的有效系数必然呈下降趋势,作为智能犯罪主体实施智能犯罪(不完全排除传统犯罪)对应的"主观心态",在内容上肯定有所不同,而是否出现新的罪过类型也不得而知。④该学者留意到了人工智能作为犯罪主体在主观认定方面可能存在的特殊性,然而,对于人工智能到底是否会出现新的罪过类型,该学者亦并未给出确切答案。对此,笔者倾向于认为,虽然人工智能行为和决策有其特殊性,但在人工智能主观罪过认定这一法律问题上,不宜轻易舍弃延续至今的故意与过失的认定方法,认识能力与意志能力的判断要素体系

---

① 参见比扬·法塔赫-穆加达姆、唐志威:《刑法中的创新责任:在严格责任、过失与容许风险之间》,载《苏州大学学报(法学版)》2022 年第 3 期。

② 参见刘宪权:《涉人工智能犯罪中的归因与归责标准探析》,载《东方法学》2020 年第 3 期。

③ 参见孙道萃:《人工智能的刑法立法:场域与演绎》,载《数字法治》2023 年第 3 期。

④ 参见孙道萃:《人工智能犯罪的知识解构与刑法应对》,载《青少年犯罪问题》2023 年第 2 期。

依然可以适用。人工智能带来的主观罪过认定的诸多难题,实则尚可以通过解释的路径予以应对。

具体而言,我们可以将人工智能的行为和决策过程大致分为输入端、分析端与输出端,而判断其主观罪过时,我们可以通过先判断其具体是在哪一环节出现问题,进而再展开详细的判断。例如,人工智能在驾驶过程中,没有发现被害人出现在马路而致使被害人被撞身亡,此种情形即属于输入端出现问题,即人工智能在输入端没有识别到被害人。此时我们便应根据人工智能的认识能力来判断其是否具有对该情形的识别能力。如其具有则应认为其应当识别到被害人,而没有识别到被害人,即构成疏忽大意的过失。而如果人工智能驾驶过程中,发现被害人出现在马路又致使被害人被撞身亡,此情形即属于分析端出现问题,此时需要判断人工智能的分析过程,如其分析算法经过时速、方向等一系列分析认为其可以巧妙地在撞到被害人之前顺利驶过,便构成过于自信的过失。如果其分析过程为,认识到必然撞到被害人依然继续行驶,那么便构成直接故意;如果认识到可能撞到被害人依然继续行驶,那么其便构成直接故意或间接故意。至于如何区分二者,则要看人工智能对该结果是积极追求还是无畏放任,而该在自然人犯罪中存在的难题依然会延续至人工智能领域。对此,笔者倾向于认为,在希望以及放任存疑之时对人工智能应认定为希望,即在结果未发生之时也应追究其预备或未遂的责任。原因在于,此情形应将人工智能视为龙勃罗梭笔下的"天生犯罪人",不论是出于矫正还是防卫社会的目的,我们都应对该类行为给予充分重视,给予其合适的刑罚方式。

除了人工智能故意与过失的基本罪过类型,此外还需注意的是人工智能基于其特殊性而常常可能引发的认识错误问题,即事实认识错误和法律认识错误。其中,对于事实认识错误,笔者认为人工智能也应适用有关传统理论,例如当人工智能符合了缺乏犯罪故意型事实错误,即应排除其故意而认定无罪。而对于法律认识错误,因人工智能已经事先输入并掌握了有关刑事法律,因此笔者倾向于认为对于人工智能不能轻易适用传统法律认识错误理论而轻易排除主观罪责。

(三)传统刑罚体系部分失效有待重新调适

目前我国现有刑罚体系是由生命刑、自由刑、财产刑和权利刑构成,刑罚处罚对象及刑罚处罚方式均指向自然人和单位,无法也不能完全涵括人工智能机器人,刑罚体系的失效与重构也因此成为"后人工智能时代"需要解决的另一大棘手的问题。对此有学者指出,将智能机器人纳入刑罚处罚的范围,本质上是对智能机器人作为社会成员资格的承认,这是由其参与人类生产生活的程度、所处的经济社会地位所决定的。重构我国刑罚体系并将智能机器人纳入刑罚处罚的范围符合刑罚的目的,同时也符合人工智能时代发展的需要且并未违背基本法理。建议增设能够适用于智能机器人的删除数据、修改程序、永久销毁等刑罚处罚方式,并在条件成熟时增设适用于智能机器人的财产刑或者权利刑等刑罚处罚方式。①但也有学者认为,人工智能体的法律人格的内涵无法真正落实,也无法证明人工智能体可以真正感知惩罚。②对于具体的刑罚方式,也有学者指出不应对传统刑罚体系进行"简明复制",继续配置财产刑未必具有可操作性。删除数据、修改程序、永久销毁处罚方式类型较为单一,而智能主体及其行为模式、危害结果等基础因素始终在发展,删除数据或财产刑等建言都基本以智能技术的初期应用阶段为主,不能有效顾及快速发展的新情况,"粗略加工"后的删除数据等措施也并不具有持续的制裁"有效性"。③

以上讨论主要涉及两个问题,即人工智能能否接受刑事处罚以及如何对其进行刑事处罚。对于人工智能能否接受刑罚,笔者前述已经论证"后人工智能时代"以人类为中心的自由意志终将走向瓦解,因此在此情形下赋予具备辨认和控制能力的人工智能以刑事责任主体地位并追究其刑事责任,并无实质性障碍。以人工智能体不具有生命、肉体,不具有感知刑罚痛苦的能力,因而认为其不具有可罚性的观点,实质仍是陷入了以人类为中心的刑法人类主义观的桎梏。痛苦是难以测量的,其亦是基于人类经验主义的一种拟制,通过对人类具有的珍贵的生命权、自由权、财产权进行剥夺,以求使其感受到痛苦进而产生悔恨,某种程度上来说刑罚痛苦自始便是出于立法者的一厢情愿。痛苦的前提是以剥夺为拟制基础,而人工智能体拥有物质载体、数据和算法三项核心要素,同样具有可予以剥夺的前提与基础,在现有刑罚体系失效的情形下,我们完全可以重构适合人工智能体的刑罚体系。④对人工智能进行刑事处罚,不仅可以通过刑罚使其重新接受训练与改造,实现对人工智能再社会化的特殊预防,也可以将人工智能犯罪案例作为训练数据实现对其他人工智能的一般预防。

对于具体刑罚措施,笔者认为我们仍然可以参照现有生命刑、自由刑、财产刑和权利刑对人工智能刑罚体系进行系统性建构,即分别对应"永久销毁""删

---

① 参见刘宪权:《人工智能时代我国刑罚体系重构的法理基础》,载《法律科学(西北政法大学学报)》2018年第4期。

② 参见张镭:《人工智能体可罚性辩疑》,载《南京社会科学》2018年第11期。

③ 参见孙道萃:《人工智能的刑法立法:场域与演绎》,载《数字法治》2023年第3期。

④ 参见李素美:《强人工智能体刑事责任主体地位探析》,载《浙大法律评论》2023年第00期。

除数据、重新训练""罚金、没收""剥夺资格"一整套系统化刑罚措施。其中,以人类为中心的自由刑是通过劳动实现对被告人的重新改造,而对于人工智能而言则是通过删除数据和重新进行算法训练以实现重新升级改造,某种程度上来说,其是人工智能再社会化的一个过程。当通过删除数据和重新训练也无法实现对人工智能的再社会化时,我们方可以通过永久销毁以剥夺人工智能的生存权。而财产刑和权利刑则是随着人工智能与人类社会的深度融入,必将成为人工智能刑罚体系的重要组成部分。

四、后人工智能时代的刑事立法建构

人工智能技术及其应用的迅猛扩张,不仅诱发了智能时代的新型刑事风险,也使当代刑法体系规范供给不足的窘境日益显现。不论是立法还是修法通常都需要漫长的孕育过程,而人工智能技术的指数性发展留给我们的时间却已经不多。无论域外还是国内,人工智能立法也已经陆续启动。因此,在强人工智能时代到来前的最后一个"后人工智能时代",我们不能再仅仅纠缠于认识分歧而争论不休,进一步推进有关立法进程已经势在必行。

(一)立法模式的选择:修正案模式与专门立法模式

而推进人工智能有关刑事立法,首先要解决的一个问题即是立法模式的选择问题。即对于人工智能刑事立法应采取传统刑法修正案方式,还是制定人工智能刑法的专属立法。对此,笔者认为基于人工智能的发展趋势,建立完全独立的"智能刑法"模式是理想立法模型。只是在当前阶段其可能尚存在诸多阻力与障碍,因此,笔者认为现阶段对传统刑法的修正模式也不失是一种理想的过渡方案。具体而言,对于以人工智能为犯罪对象而实施的犯罪以及以人工智能为犯罪工具而实施的犯罪,可以在传统刑法范围内进行修正和调整。而对于人工智能自主实施的犯罪,在推进人工智能刑事立法的初期,可以采取刑法修正案的方式来调整。正如有学者所指出的,诸如在总则第二章增设人工智能为刑事责任主体并对共同犯罪等问题作出调整,在第三章增设新型刑罚种类等。[①]然而,待有关立法趋于成熟,有关人工智能的刑事法律框架也已经逐步确立之时,仍应将其独立于传统刑法,建立"人工智能刑事法律"专门立法。原因主要在于,人工智能犯罪与自然人犯罪以及以自然人为基底的单位犯罪存在本质不

---

① 参见刘宪权:《ChatGPT等生成式人工智能的刑事责任问题研究》,载《现代法学》2023年第4期。

同。在有关犯罪理论和体系的建构上,其存在自身的特殊性而无法与传统刑事立法实现完全兼容。如果强行将其二者相互融合,则将导致人机刑法两大体系的交叉与混乱,引发刑事法律不必要的适用困境。尽管建立人工智能的独立刑事法律可能引发公众情绪的抵抗,然而相较于可能触碰人类基本尊严的人机混合立法,其可接受程度反而可能更高。结合目前刑法本身的法典化和再法典化讨论,也有学者指出目前不宜全面修订刑法典,当务之急是在其他法律中规定行政犯(包括刑法典已有规定的行政犯),从而为将来全面修订刑法典创造条件。并且刑法修正案的立法方式并非只能对刑法典进行个别或局部修改,其也可以在刑法典中增加或者删除部分章节,从而进行大量修改与重要修改。[1]综合以上,笔者认为通过刑法修正案方式进行有关立法摸索,而待时机成熟再转向构建人工智能专属刑事立法是"后人工智能时代"人工智能犯罪立法的科学可行路径。

(二) 人工智能刑法总则立法建构

对于人工智能刑法总则的建构,笔者此处简要说明以下四点:(1)确立人工智能刑法的基本原则。人工智能刑法除了要规制人工智能犯罪,其实质更是要为人机关系建立基本底线。对此,在刑法总则部分首先要建构的应是人机关系基本原则,即人工智能的最高行为准则。具体而言,我们应该编写类似于阿西莫夫机器人学三定律[2]的基本原则,明确机器人不得伤害人类。作为机器人刑法的基本原则,其将与传统罪刑法定原则共同构成人工智能刑法的基本底色。与之相应,刑法的立法目的、刑法的任务等内容亦应当作出细微调整。(2)明确人工智能刑事责任主体地位。首先,《刑法》第13条对犯罪概念、犯罪构成的法定化等作了规定,是最基础的刑法规范。因此,确立人工智能刑事责任主体地位可以在《刑法》第13条之后增设第13条之一对人工智能犯罪作出规定。其次,《刑法》第30条通过拟制的方式对单位主体予以了确认,对于人工智能亦可以通过增设第30条之一对其刑事责任主体地位作出规定。最后,《刑法》第17条、第17条之一、第18条、第19条对刑事责任能力作了规定。针对不同智能程度与不同社会化程度的人工智能,也有必要对其区分不同的刑事责任能力。具体而言,根据其智能程度的技术级别或类型,依法追究刑事责任,或从轻、减轻或者免除刑罚。此外,还可以由技术人员依据智能评判标准进行技术认定,对

---

① 参见张明楷:《刑法修正案与刑法法典化》,载《政法论坛》2021年第4期。

② 第一条:机器人不得伤害人类,或袖手旁观坐视人类受到伤害;第二条:除非违背第一法则,机器人必须服从人类的命令;第三条:在不违背第一法则及第二法则的情况下,机器人必须保护自己。

于间歇性系统异常或中病毒的人工智能体可按照我国刑法关于精神病人或酗酒的人的状态进行类比。[①]（3）建构人工智能主观罪过形式。《刑法》第 14 条、第 15 条对故意和过失作了规定,第 16 条对不可抗力与意外事件作出了规定,在前述三个条文后,可以另行增加一款明确"人工智能实施的,可以参照执行"。第 14 条第 2 款、第 15 条第 2 款、第 16 条第 2 款可以分别表述为:"智能主体实施故意犯罪的,应当负刑事责任""智能主体实施过失犯罪的,法律有规定的才负刑事责任""智能主体实施第一款规定的,依照前款规定处罚"。（4）增设人工智能刑罚措施。刑法总则第三章第一节规定了刑罚的种类,可以考虑在《刑法》第 33 条之后增加"永久销毁""删除数据、重新训练"两项主刑。

此处笔者仅对人工智能刑法基本原则、刑事责任主体地位、主观罪过、刑罚措施等基本问题作了简要介绍,而诸如正当防卫、紧急避险、共同犯罪等其他问题,在确立了人工智能的刑事责任主体地位的前提下,如无特殊情况,其原则上自然可以同样适用相关规定。

（三）人工智能刑法分则立法建构

在承认人工智能具有自主意识的前提下,其犯罪类型究竟与自然人犯罪有无差异,是一个值得深思的问题。若认为二者之间的犯罪无差异,则无需为人工智能单独增设罪名,比照自然人犯罪的罪名处罚即可,只需要在罪状中明确提示人工智能可以构成该罪。而如果认为人工智能犯罪与自然人犯罪类型有本质不同,则应单独建构独属于人工智能的刑法分则体系。对此,笔者倾向于认为,人工智能犯罪类型基本与自然人犯罪类型重合,这是由其在今后人类社会中所扮演的主体性角色决定的。人工智能发展初期,其某种程度上来说具有奴隶的部分特性,可能主要代替或辅助人类从事农业、工业等生产活动,以及从事家庭服务、社会性服务等活动。其可能实行犯罪的类型也十分有限,如在农业与工业生产活动中严重过失导致生产责任事故、在家庭服务过程中与人类发生冲突侵害自然人的人身及财产权利,及在社会性服务过程中扰乱社会秩序或危害公共安全、国家安全等。然而,随着人机关系的进一步深化,人工智能将可能被赋予更多的经济权利与民主权利,其也将可能更多地参与经济和政治活动,此时其不仅可能实施经济类犯罪,还可能实施诸如贪污、贿赂、渎职、军人犯罪等与特定身份密切相关的犯罪。尽管如此,基于当前自然人犯罪类型的丰富

---

① 参见马治国、田小楚:《论人工智能体刑法适用之可能性》,载《华中科技大学学报(社会科学版)》2018 年第 2 期。

性,我们亦无需单独为人工智能系统建构新的犯罪类型。当然人工智能具有其内在特殊性,也仍不排除其今后可能实施全新的犯罪类型,不过届时我们针对具体类型适时进行具体修正即可,亦无需因此而全盘推翻现有罪名体系。

尽管人工智能会实施何种全新的犯罪类型我们尚不得知,然而有关新型犯罪亦并非完全无迹可寻,此处笔者即想特别提醒注意数据犯罪问题。2006 年英国数学家克莱夫·亨比在全日空高级营销峰会上便曾比喻道:"数据是新的石油。"2013 年 Tresata 公司首席执行官阿布希什克·梅塔也曾指出:"就像石油是推动最后一次工业革命的自然资源一样,数据将成为这场工业革命的自然资源。"以 ChatGPT 为代表的生成式人工智能的出现已充分证明数据是人工智能成功的关键,而"后人工智能时代"人工智能也必将继续是数据的主要消费者,数据无疑将发挥更重要的作用。然而,数据在喂养人工智能的同时,也必将成为今后人工智能犯罪的高发领地,进而给刑法数据法益保护带来持续性的颠覆性冲击,需要我们给予高度重视。对此,目前已经有学者展开了部分研究,并提出了增设非法分析数据罪、操纵数据罪等建设性意见,[①]可谓为今后人工智能犯罪类型的研究之路提供了诸多参考。

结　语

ChatGPT 的到来引领了一个全新的"后人工智能时代",而其在带来人工智能利好发展前景的同时,也同样暗含着诸多风险。作为强人工智能到来的最后前夜,"后人工智能时代"留给我们的时日已经不多,该阶段我们不能也不应再仅仅停留于理论或学派之争,而是应正视技术的发展和时代的变迁,直面人工智能可能对刑法理论带来的冲击以及我们可能的刑事立法路径,以推进人工智能的进一步纵深研究。而本文正是这样一种初步尝试,希望其可以泛起一层涟漪,以引发更多学者对于"后人工智能时代"的重视。不过,本文也仅是对"后人工智能时代"可能引发的刑法理论变革和刑事立法建构作了初步的框架性梳理,而其中更多细节,诸如人工智能的正当防卫、紧急避险以及认识错误等问题,仍需要今后教义学层面的进一步深化研究。人工智能刑事立法模式的选择、立法技术的把握以及其与宪法、民法等其他部门人工智能立法的关系,也同样需要今后学者的进一步梳理。然而,无论如何,请相信我们目前及今后所做的一砖一瓦的努力都不会白费,其都将成为未来保护我们的最坚强堡垒。

---

① 参见刘宪权:《生成式人工智能对数据法益刑法保护体系的影响》,载《中国刑事法杂志》2023 年第 4 期。

热点透视

生成式人工智能相关犯罪中刑事责任的认定

——以侵犯知识产权类犯罪为视角

杨子安[*]

内容摘要 ChatGPT 类生成式人工智能虽尚未迈入强人工智能时代,然而其蕴含的知识产权类犯罪刑事风险却不容忽视。根据生成式人工智能在犯罪中的地位,可以将相关犯罪划分为不同的类型。在生成式人工智能作为犯罪对象的环节,人工智能生成物、储存物、算法均得以成为犯罪对象,侵权行为人构成侵犯著作权罪或者侵犯商业秘密罪,同时,研发者未经许可收集他人作品的行为涉嫌侵犯著作权罪。在生成式人工智能作为侵犯知识产权犯罪工具的环节,无论是否承认人工智能的犯罪主体资格,均能得出使用者构成著作权犯罪或者商业秘密犯罪的结论,并且应从"客观归因—主观归责"的角度认定研发者的刑事责任。此外,人工智能生成内容的过程亦涉及知识产权类犯罪,遂须区分生成式人工智能是否完全被编程控制,考量研发者、使用者及人工智能自身的刑事责任问题。

关键词 生成式人工智能 刑事责任 侵犯著作权罪 侵犯商业秘密罪

2022 年 11 月 30 日,美国 OpenAI 公司研发的聊天机器人程序 ChatGPT 正式发布,在发布后三个月内,这款新一代生成式人工智能程序便在全球范围内获得上亿名用户,成为历史上用户数量最多、受关注度最高的程序。生成式人工智能程序不但能够与用户进行对话,还能在指令下生成高质量的文本、画作、程序等内容,富含逻辑能力和创造能力。ChatGPT 的横空出世颠覆了人们对人工智能的理解,更新了人们对人机交互的体验。但随着 ChatGPT 类生成式人工智能的不断迭代升级,许多刑事风险也蕴含在其中。其中,最具有典型意义的便是知识产权犯罪刑事风险。无论是生成式人工智能的存储、运行还是生成内容,都离不开可能具有知识产权意义的客观表达,而这些具体的表达内容极易构成民事侵权,到达一定法益侵害程度则构成犯罪。在人工智能时代,

---

[*] 杨子安,华东政法大学硕士研究生。

刑法既应秉承谦抑主义,也不能落后于社会发展而"后防失守"。^①为此,我们需要对生成式人工智能相关犯罪进行前瞻性的思考,对不同主体作出刑事责任认定,只有通过这样的方式,才能避免相关犯罪出现时刑法措手不及。

一、生成式人工智能引发的知识产权犯罪风险

ChatGPT 类人工智能输出生成物的技术路径是"数据训练",这种技术路径是对"代码定义"的更新和拓展。^②"数据训练"路径的独特之处在于"机器学习",其依赖高达千亿、万亿级别的参数量,通过算法对网络上存在的海量数据资源进行整合、分析、建模,使得机器能够学习人类的思维方式,形成算力并输出成果。但是,无法保证 ChatGPT 类人工智能机器学习的知识均处于权利人许可使用的"完美"法律状态。如果 ChatGPT 类生成式人工智能在未经权利人许可的情况下剽窃、篡改、擅自使用他人的智力成果,那么,相关主体将可能构成侵犯知识产权类的相关犯罪。^③基于此,生成式人工智能容易引发知识产权犯罪风险。

首先,生成式人工智能引发侵犯著作权罪犯罪风险。生成式人工智能的创作需要大量的素材和语料支持,这难以避免对他人作品的使用,而按照当前著作权法的要求,使用他人的作品需要获得权利人的许可,除非满足合理使用的法定情形,否则构成侵权。相关的民事侵权案例屡见不鲜,例如,2023 年 2 月《华尔街日报》记者弗朗西斯科·马可尼便公开指责 OpenAI 公司在未经许可和付费的情况下批量使用《纽约时报》《卫报》等主流媒体文章训练 ChatGPT 模型。^④在内容生成阶段,生成式人工智能生成的内容可能由于算法疏漏构成对他人作品的著作权侵权。著作权侵权风险可能进一步升级为刑事风险,在达到刑法规定的法益侵害程度时则构成《刑法》第 217 条规定的侵犯著作权罪。

其次,生成式人工智能引发侵犯商业秘密罪犯罪风险。算法是人工智能研发企业最关键的技术,具有极大的商业价值。在我国知识产权法体系下,算法除了整体作为商业秘密获得保护和作为作品获得著作权法保护之外,一般不受专利制度的保护,^⑤大多数开发生成式人工智能的科技公司都将算法作为商业秘密对待。生成式人工智能机器人算法模型是开发者竞争力的核心所在,若行

---

① 参见刘艳红:《刑法理论因应时代发展需处理好五种关系》,载《东方法学》2020 年第 2 期。
② 参见吴汉东:《人工智能生成作品的著作权法之问》,载《中外法学》2020 年第 3 期。
③ 参见刘宪权:《ChatGPT 等生成式人工智能的刑事责任问题研究》,载《现代法学》2023 年第 4 期。
④ 参见丁磊:《生成式人工智能:AIGC 的逻辑与应用》,中信出版社 2023 年版,第 244 页。
⑤ 参见王德夫:《论人工智能算法的知识产权保护》,载《知识产权》2021 年第 11 期。

为人以盗窃、贿赂、欺诈、胁迫、电子侵入或者其他不正当手段获取权利人的算法模型，或者披露、使用或者允许他人使用以前述手段获取的权利人的算法模型的，并且达到情节严重的程度，构成《刑法》第 219 条规定的侵犯商业秘密罪。此外，使用者明知 ChatGPT 等生成式人工智能能够收集到尚未公开或者未经权利人许可披露的商业秘密，故意利用生成式人工智能获取商业秘密的，构成本罪。

最后，生成式人工智能引发为境外窃取、刺探、收买、非法提供商业秘密罪犯罪风险。2023 年 4 月，三星员工因使用 ChatGPT 处理工作发生三起绝密数据泄露事件，而且均发生在三星电子半导体暨装置解决方案项目上。出于安全考虑，三星已经禁止员工使用 ChatGPT 类生成式人工智能处理工作。[①]若行为人利用生成式人工智能存在的漏洞，为境外窃取、刺探、收买、非法提供存储在对话内容中的商业秘密，则构成《刑法》第 219 条之一的为境外窃取、刺探、收买、非法提供商业秘密罪。

上述内容系统分析了知识产权类犯罪视角下，生成式人工智能可能引发的刑事犯罪风险。在三个罪名之下，不同的参与主体与行为方式相互交织，事实情况与参与主体之间的刑事责任分配相互影响，因而必须对 ChatGPT 等生成式人工智能相关犯罪类型进行分类和归纳。根据生成式人工智能在犯罪中的地位，可以将类型划分为：(1)以生成式人工智能为犯罪对象的相关犯罪；(2)以生成式人工智能为犯罪工具的相关犯罪；(3)生成式人工智能生成内容涉及的相关犯罪。根据生成式人工智能相关犯罪的参与主体，可以将类型划分为：(1)生成式人工智能研发者涉及的犯罪；(2)生成式人工智能使用者涉及的犯罪；(3)生成式人工智能自身涉及的犯罪；(4)侵权行为人涉及的犯罪。这两种分类标准各有侧重，分别从不同的角度对生成式人工智能相关犯罪进行分析，但为了更加明确地揭示不同情形下不同参与主体的刑事责任，笔者认为应当同时采用两种分类标准，即在第一种分类标准的框架下，研究和讨论第二种分类标准下各主体的刑事责任，以免混淆刑事责任的认定和分配问题。

二、生成式人工智能作为犯罪对象的刑事责任认定

(一) 人工智能生成物作为犯罪对象时刑事责任的认定

ChatGPT 类生成式人工智能的输出内容体现出高水准的智力属性，形式上

---

① 《20 天三起泄密事故，三星考虑禁用 ChatGPT?》，载中国青年网 2023 年 4 月 4 日，https://baijiahao.baidu.com/s?id=17622226629170377087&wfr=spider&for=pc，访问日期：2023 年 10 月 20 日。

符合作品的客观表达。当前,就以 ChatGPT 为代表的人工智能生成物是否具有可版权性存在明显的理论分歧。否定观点认为,人工智能生成物并非人的创造成果,人工智能不可能受到著作权法的激励,故人工智能生成物并非作品。[①]若采取否定观点,行为人对人工智能生成物的肆意复制、发行、传播甚至不构成民事侵权,更不构成刑事犯罪。笔者不赞同该观点,事实上,人工智能生成物融合了人类的主观倾向,体现了人类智慧成果,[②]具备成为作品和犯罪对象的条件。

首先,人工智能生成物可成为著作权法上的作品。只要人工智能生成物符合"独创性"的实质标准,并在形式上符合《著作权法》规定的作品类型且难以区分于自然人创作的作品,就可以将人工智能生成物视为"作品"。第一,人工智能生成物符合独创性"独"的要求。著作权法意义上的"独"并非指"唯一"或者"独一无二",著作权法保护的只是表达,而非思想。ChatGPT 等生成式人工智能基于独特的技术路径,能够通过其强大的语言模型算法对数据库内容进行"选择"和"编排",虽然在思想上可能会和既有内容存在重复,但是在客观形式上不会与既有内容重合,故符合"独"的要求。第二,人工智能生成物符合"创"的要求。"创"要求劳动成果具有智力创作的空间。在许多场合下,人工智能生成物所体现的智力程度要远高于人类的创作。例如,2022 年,美国科罗拉多州博览会美术大赛的冠军作品——《冠军歌剧院》,便是借助一款叫 Midjourney 的 AI 绘图工具生成。[③]

其次,人工智能生成物可成为侵犯著作权罪犯罪对象。只有在确定侵犯著作权罪的保护法益涵盖权利人对人工智能生成物享有的权利时,才能充分明确人工智能生成物系侵犯著作权罪的犯罪对象,才能充分证成侵权人之行为在符合犯罪构成要件时应承担相应的刑事责任。[④]按照双层法益结构理论,侵犯著作权罪的保护法益不限于国家管理秩序,还包括私权,而权利人对人工智能生成物享有著作财产权,故该罪的保护法益能够涵盖权利人享有的权利,从而得出人工智能生成物可以成为侵犯著作权罪犯罪对象的结论。

最后,需要讨论人工智能生成物作为犯罪对象时不同参与主体的刑事责任认定问题。在此情形之下,生成式人工智能研发者、使用者均不涉及犯罪,仅侵

---

① 参见王迁:《ChatGPT 生成的内容受著作权法保护吗?》,载《探索与争鸣》2023 年第 3 期。

② 参见邓文:《以 ChatGPT 为代表的生成式 AI 内容的可版权性研究》,载《政治与法律》2023 年第 9 期。

③ 参见《AI 绘画了,艺术还能"直戳人心"吗》,载光明网 2022 年 11 月 3 日,https://m.gmw.cn/baijia/2022-11/03/36134681.html,访问日期:2023 年 10 月 20 日。

④ 参见刘宪权:《人工智能生成物刑法保护的基础和限度》,载《华东政法大学学报》2019 年第 6 期。

权行为人构成侵犯著作权罪。值得注意的是,生成式人工智能的属性会导致行为人刑事责任的减轻,刑法对生成物的保护应当是有限度的。自然人可以通过提供思路、进行操作,轻而易举地产生人工智能作品,而传统的自然人作品需要耗费巨大的身心和情感的投入,这意味着侵犯人工智能作品和自然人作品涉及的法益在程度上是不一致的。在刑事立法上,过去几十年里,法益保护主义一直被作为基本指导原理。①立法机关在制定刑法时,需要权衡到将侵犯著作权的行为规定为犯罪所造成的法益侵害小于其所保护的法益,司法机关在适用刑法时,也应当考虑到这一点。法益保护主义要求在认定涉人工智能生成物著作权犯罪时,坚持罪责刑适应原则,不得对侵犯两种不同作品的行为给予相同的刑罚处罚。

(二)人工智能储存物作为犯罪对象时刑事责任的认定

ChatGPT 类生成式人工智能的演进和迭代离不开互联网的海量数据资源,其数据来源主要有两种,一种是从数据提供商处购买的公共数据,另一种是从互联网上收集的公开数据,如维基百科、新闻网站、社交平台等。这意味着,生成式人工智能储存着大量未经权利人许可使用的他人智力成果。为了与生成物相对应,笔者将其定义为人工智能"储存物"。互联网上存在的公开信息并非完全合法合规,有大量侵犯权利人著作权的内容能够在互联网上收集、复制、利用。生成式人工智能的机器学习以大量数据为依托,虽然研发者需要对数据进行清洗、格式化和标注,确保数据的质量和合法性,但在海量的数据面前,人力资源无力进行审核,而算法又难免存在疏漏。因此,人工智能储存物可以成为侵犯著作权罪的犯罪对象,这体现在以下两个方面:

第一,研发者未经许可收集他人作品的行为涉嫌侵犯著作权罪。以ChatGPT 为代表的生成式人工智能仍属于"算法黑箱",其研发者并未对外界公示数据来源,相关训练数据库是否获得授权还存在疑问。②从刑法的角度来说,若生成式人工智能在收集数据时未经过著作权人许可,可能被评价为"复制"行为,若生成式人工智能通过网络传播复制的作品,则可能被评价为"通过信息网络向公众传播"行为。③《刑法》第 217 条关于将侵犯著作权罪的行为方式描述为"复制发行",单纯的"复制"行为是否构成犯罪存在不同的意见,笔者认为应当

①　参见张明楷:《法益保护与比例原则》,载《中国社会科学》2017 年第 7 期。
②　参见房慧颖:《生成型人工智能的刑事风险与防治策略——以 ChatGPT 为例》,载《南昌大学学报(人文社会科学版)》2023 年第 4 期。
③　参见盛浩:《生成式人工智能的犯罪风险及刑法规制》,载《西南政法大学学报》2023 年第 4 期。

采取 2007 年最高人民法院、最高人民检察院《关于办理侵犯知识产权刑事案件具体应用法律若干问题的解释(二)》的观点,认定"复制发行",是指复制或者发行以及复制且发行的行为,故单纯的"复制"行为也可能构成本罪。

第二,侵权行为人对人工智能储存物的侵犯涉嫌侵犯著作权罪。不论人工智能储存物的存在有无获得权利人的许可,只要储存物系法定作品类型,构成作品,就受到著作权法的保护。生成式人工智能依赖的数据库所包含的数据并非琐碎的数据碎片,低质量的数据对算法模型的训练也并无裨益,不难得出,作为生成式人工智能基础的数据库中的数据经过分门别类的筛选,有较高的商业价值。侵权行为人若为了获取他人作品而采取不正当手段非法入侵 ChatGPT 类生成式人工智能系统的数据库,大量爬取他人的作品,并且实施《刑法》第 217 条规定的"复制""发行""通过信息网络向公众传播"行为,情节严重的,构成本罪。

此外,人工智能储存物除研发者收集到的信息之外,还包含使用者与人工智能对话产生的聊天记录、使用记录。随着 ChatGPT 生成式人工智能的用途逐渐增多,功能愈发强大,不少公司的员工都使用生成式人工智能处理工作事务,这使得聊天记录中可能包含公司的商业秘密信息。若行为人为了获取商业秘密,侵入 ChatGPT 等生成式人工智能系统获取对话信息,可能构成侵犯商业秘密罪与非法侵入计算机信息系统罪的想象竞合。

(三) 人工智能算法作为犯罪对象时刑事责任的认定

ChatGPT 类生成式人工智能的实现主要立足于两个元素:其一是人工智能的"经验"素材,即进行数据训练使用的数据;其二是人工智能的"智慧"来源,即生成式人工智能选择、编排、使用数据依赖的算法。可以说,人工智能算法是生成式人工智能的设计图纸,是生成式人工智能商业竞争的核心与关键。①理论上,针对人工智能算法的保护有着不同的解释路径,这意味着侵权行为人以生成式人工智能算法作为犯罪对象,可能涉及不同的犯罪。

第一,著作权法保护路径。持该观点的学者认为,人工智能算法是人工智能软件的组成部分,而人工智能软件是计算机软件的一种,《著作权法》《计算机软件保护条例》均规定计算机软件蕴含的知识产权属于著作权的范畴,故而人工智能算法系著作权之客体。尽管在形式上,人工智能算法只是计算机代码的组合,但机器语言的根本属性在于功能的运作与实现,行为人可以对生成式人

---

① 参见蔡琳:《智能算法专利保护的制度探索》,载《西北工业大学学报(社会科学版)》2019 年第 3 期。

工智能算法的决策、逻辑进行模仿或者剽窃,采用不同的代码组合实现相同的效果。著作权法只保护表达,并不保护人工智能算法内在的思想,这造成著作权法不能有效保护人工智能算法的价值。即便如此,在现行的著作权法体系下,人工智能算法在固定性和创造性层面都符合法定要求,依然可以作为计算机软件作品获得著作权法保护,并且在实践中存在先例。[①]若行为人对生成式人工智能算法实施侵害行为,可构成侵犯著作权罪。

第二,商业秘密保护路径。生成式人工智能算法的研发消耗高昂成本,具有关联技术特征,能够实现学习决策的自主化和智能化,富有创造性和新颖性。为了保护算法,技术的研发者往往基于如下理由把人工智能算法作为商业秘密保护:其一是时间限制问题。计算机软件的保护期最长不超过五十年,商业秘密的保护则无期限限制。其二是技术领先问题。人工智能算法的数据处理过程不透明,其算法技术难以被反编译,若以商业秘密路径保护算法,有助于维持研发者的技术领先或者垄断地位。虽然不少观点批判商业秘密保护路径认为技术利益优于自决利益,使"算法黑箱"合法化,容易为"算法歧视"形成"庇护",但不可否认的是司法实践及司法解释均认可该路径。[②]若行为人对生成式人工智能算法实施侵害行为,可构成侵犯商业秘密罪。

三、生成式人工智能作为犯罪工具的刑事责任认定

(一) 生成式人工智能作为犯罪工具时使用者刑事责任

当前,ChatGPT 类生成式人工智能的使用并没有受到过多的限制,绝大多数用户使用 ChatGPT 出于正当目的,不过有极少部分使用者发现了生成式人工智能存在的漏洞,于是对漏洞进行攻击,使 ChatGPT 类生成式人工智能成为犯罪的工具。使用者在攻破生成式人工智能后,利用其信息收集和分析能力,非法获取他人商业秘密或者作品。在此情形之下,使用者构成侵犯著作权罪、侵犯商业秘密罪或者为境外窃取、刺探、收买、非法提供商业秘密罪自不待言。理由是,在使用者利用生成式人工智能进行犯罪的情况下,根据罗克辛教授提

---

① 参见姚叶:《多维度解读与选择:人工智能算法知识产权保护路径探析》,载《科技与法律(中英文)》2022 年第 1 期。

② 在我国司法实践中,最高人民法院《关于审理侵犯商业秘密民事案件适用法律若干问题的规定》第 1 条虽将算法作为商业秘密客体加以保护,但并没有作出进一步的说明和解释。在我国,"智搜公司诉光速蜗牛公司等侵犯商业秘密纠纷案"标志着算法商业秘密法律保护已经形成并开始实施。彭飞荣:《论算法作为商业秘密的侵权认定》,载《浙江社会科学》2023 年第 6 期。

出的"犯罪事实支配理论",无论是否承认人工智能的犯罪主体资格,均能得出妥当的结论。①若承认人工智能的主体资格,使用者构成间接正犯,对犯罪事实承担刑事责任;若不承认人工智能的主体资格,使用者则成立直接正犯。Chat-GPT类生成式人工智能仍处于弱人工智能时代,主流观点认为其尚不具备主体资格,故认定使用者成立知识产权类犯罪的直接正犯较为妥当。

(二) 生成式人工智能作为犯罪工具时研发者刑事责任

在生成式人工智能作为犯罪工具的环节下,研发者也可能涉及相关知识产权犯罪。生成式人工智能相关犯罪系结果犯,在确定实行行为与构成要件结果后,还需审查构成要件结果是否实行行为所创设风险的实现。传统的刑法因果关系理论与晚近兴起的客观归责理论都主要围绕此点展开讨论。②在我国刑法规定和四要件的犯罪构成体系下,对因果关系和刑事责任的确定应坚持"客观归因—主观归责"的进阶思路。③生成式人工智能犯罪中的"归因"问题解决,依赖从客观归因的角度对因果关系进行认定,"归责"问题的解决,则需要从研发者的主观罪过角度认定。④

1. 客观归因:涉人工智能犯罪因果关系判定

刑法理论中关于因果关系的认定存在条件说、原因说、相当因果关系说、客观归责理论等学说,其中,原因说判断标准过于随意,相当因果关系说强调经验法则的重要性,易演变成为裁判者个人价值偏好背书的万能公式,⑤故此二种学说的影响力并不大。

条件说主张,若行为和结果之间存在无A则无B的关系,则行为和结果之间存在因果关系。⑥根据条件说,如果没有生成式人工智能研发者的研发行为,法益侵害的结果就不会出现。正如条件说一直以来受到的批评那样,条件说会扩大刑法上的因果关系,不断向前循环,得出并不妥当的结论。条件说的支持者会主张,虽然在客观归因的角度承认研发行为和危害结果之间的因果关系,但并不等于主观归责上研发者要承担责任。然而,认定研发者的无害的研发行为和法益侵害结果之间存在因果关系,本就是从逻辑上难以接受的。刑法具有

---

① 参见姚万勤:《对通过新增罪名应对人工智能风险的质疑》,载《当代法学》2019年第3期。
② 参见劳东燕:《事实因果与刑法中的结果归责》,载《中国法学》2015年第2期。
③ 参见冯亚东、李霞:《从客观归因到主观归责》,载《法学研究》2010年第4期。
④ 参见刘宪权:《涉人工智能犯罪中的归因与归责标准探析》,载《东方法学》2020年第3期。
⑤ 参见吴尚赟:《注意规范保护目的理论的本土化展开》,载《政法论坛》2018年第1期。
⑥ 参见马克昌:《比较刑法原理——外国刑法学总论》,武汉大学出版社2015年版,第186页。

评价机能,在规制生成式人工智能的刑事风险时,刑法应当保持谦抑性,避免过度介入阻碍生成式人工智能技术的发展,坚持不阻碍科技发展是刑事治理的底线原则。①换言之,单纯的条件说会过度苛责研发者,阻碍科学技术的发展。

关于客观归责理论,有观点认为,条件说解决的是归因问题,客观归责理论则解决的是归责问题。②罗克辛教授指出,客观归责理论第一阶段说明因果关系,第二阶段讨论其他归责要件。③对此,本文主张采用的客观归责理论基于刑法上的因果关系问题,所以讨论的"归责"仍属于"归因"之范畴,即判断行为和结果之间是否存在规范意义上的因果关系。客观规则理论在条件说的基础上,重视规范判断,即不是任何行为或者结果都属于刑法评价的内容。例如,研发者设计 ChatGPT 的初衷是增益社会获取商业利益,然而设计时未考虑到防止行为人利用 ChatGPT 进行侵害著作权、商业秘密行为,也未设置相关阻止程序,此后使用者使用 ChatGPT 实施犯罪。在此情形之下,条件说和客观归责理论都认为研发者的研发行为和后续的法益侵害结果之间存在因果关系。再例如,同样是上一种情形,研发者考虑到了相关问题并且设置了阻止程序,但使用者仍旧造成了结果。此时,两种学说就会发生显著的分歧。条件说认为研发者研发行为和危害结果之间存在因果关系,而客观归责理论认为研发者的行为并没有制造法律不允许的危险,故而研发行为和危害结果之间不存在因果关系。

2. 主观归责:涉人工智能犯罪主观罪过认定

归因层面因果关系的存在不意味着行为人就此承担刑事责任,在肯定生成式人工智能研发者的研发行为和危害结果之间存在因果关系后,还要讨论"归责"问题。而对于"归责"问题,关键要看研发者在实施研发行为时是否具有主观罪过(故意和过失),这是主客观相一致的刑法原则的要求。研发者主观罪过的认定包含两方面的要求:其一是研发者有无过错;其二是研发者有何种罪过。过错的有无是第一位的,例如,ChatGPT 类生成式人工智能的研发者对人工智能的程序进行了严格的测试和修补后,仍出现了黑客攻破漏洞,利用生成式人工智能实施犯罪的结果,法律不应当让研发者对该结果承担责任,原因在于研发者已经尽到了法律和行业标准的义务,对结果的发生没有故意和过失。何种

---

① 参见房慧颖:《生成型人工智能的刑事风险与防治策略——以 ChatGPT 为例》,载《南昌大学学报(人文社会科学版)》2023 年第 4 期。

② 庞婧、赵微:《论客观归责理论的合理借鉴——以海上交通事故类犯罪因果关系判断为例》,载《苏州大学学报(哲学社会科学版)》2019 年第 2 期。

③ C.Roxin, Strafrecht Allgemeiner Teil, Band Ⅰ, 4.Aufl., C.H.Beck, 2006, S.350.

罪过的认定主要作用是防止研发者故意或者过失导致涉生成式人工智能犯罪发生,降低生成式人工智能为社会带来的风险。

(1) 研发者犯罪故意的认定。根据《刑法》的规定,明知自己的行为会发生危害社会的结果,并希望或放任这种结果发生,因而构成犯罪的,是故意犯罪。据此,刑法中的故意分为直接故意和间接故意。ChatGPT 类生成式人工智能研发者设计人工智能的初衷是诱发犯罪,使用者利用其实施犯罪,造成危害结果。在此情形下,研发者的主观罪过是直接故意,构成相关犯罪的帮助犯或者正犯。由于此时研发者的初衷就是犯罪,故不属于间接故意的范畴。若研发者设计人工智能的初衷是合法的,但是根据程序设定,研发者清楚地知道生成式人工智能可能会在某些特定情形下被使用者用作犯罪工具,但是研发者未采取任何事先防范措施或者事后补救措施,可以理解为"放任"结果的发生,构成间接故意。[1]

(2) 研发者犯罪过失的认定。无论是疏忽大意的过失还是过于自信的过失,前提都是研发者违反了相应的注意义务。生成式人工智能研发者的注意义务来源于:法律法规、行业规范、研发者对产品的承诺。[2]具体而言,若根据注意义务的来源,研发者有防止使用者利用人工智能进行知识产权犯罪的义务,但由于未履行义务使得危害结果出现,应以过失犯罪认定研发者的刑事责任,若研发者无此义务,研发者可根据信赖原则免责。在新过失论的立场下,如果行为人可能预见结果却未采取避免措施,就构成过失行为,结果预见可能性是结果回避义务的前提。[3]不过,笔者认为新过失论的观点在生成式人工智能迅速发展的时代背景下并不妥当,为了尽可能促进科学技术的发展,应对研发者适用"危险理论",即研发者有足够的理由能够相信各方主体能够遵守规则实施合法行为,即使预见使用者犯罪的可能性,也不应当认为研发者有结果回避义务。对研发者犯罪过失的探讨仅限于理论层面,原因是当前涉人工智能知识产权犯罪并不存在过失犯罪。不过,对此问题,亦有学者作出了前瞻性的探讨,即解决这一问题的方法有二:其一,在相关犯罪中增加过失这一要件;其二,对人工智能相关犯罪作特殊对待,无须区分研发者的故意还是过失,只要行为符合犯罪构成且研发者至少有过失,即可构成犯罪。[4]

---

[1] 参见夏天:《基于人工智能的军事智能武器犯罪问题初论》,载《犯罪研究》2017 年第 6 期。

[2] 参见刘宪权:《涉人工智能犯罪中研发者主观罪过的认定》,载《比较法研究》2019 年第 4 期。

[3] 参见[日]井田良:《刑法总论的理论构造》,成文堂 2005 年版,第 11 页。

[4] 参见刘宪权:《涉人工智能犯罪中的归因与归责标准探析》,载《东方法学》2020 年第 3 期。

四、生成式人工智能生成内容涉及知识产权
犯罪的刑事责任认定

ChatGPT 类生成式人工智能无论处于编程控制之下还是脱离编程控制之外,其生成内容都可能侵犯权利人知识产权,滋生著作权犯罪、商业秘密犯罪之风险。当然,如果生成式人工智能完全由编程控制,直接使用者承担刑事责任不存在争议,理由是,此时的生成式人工智能只是使用者的犯罪工具。在弱人工智能时代的背景下,ChatGPT 类生成式人工智能并未脱离编程的控制,甚至技术上存在不完善之处,难免出现生成内容侵犯权利人知识产权的情况,若使用者善意使用生成式人工智能,造成危害结果的出现,此时使用者由于不具有主观罪过而免责。同样地,只要研发者并非故意在生成式人工智能中设定侵权程序,故意造成犯罪结果发生,由于知识产权犯罪不存在过失犯罪,研发者在过失造成知识产权犯罪结果的情况下也不承担刑事责任。

问题在于,如果 ChatGPT 等生成式人工智能越过"技术奇点",发展成为强人工智能,脱离编程控制形成独立意识和自由意志,自主实施侵犯知识产权的行为且研发者和使用者均不存在主观罪过,此时是否需要考量将生成式人工智能作为犯罪主体对待。围绕生成式人工智能是否得以成为犯罪主体,可以展开许多不同的讨论。

(一) 否定说

否定说认为生成式人工智能不具备犯罪主体资格,理由是人工智能机器人不具备辨认、控制、受刑能力。[①]刑法上的辨认能力,乃指行为人对自己的行为性质和后果的辨别、认识能力。虽然生成式人工智能机器人对信息、语言进行海量学习后,能够辨别生成内容的性质、意义,甚至在广度和精度方面超出人类水平,但依然不意味着人工智能可以等同于人类。人工智能机器人归根结底只是程序和算法的产物,它和人类最大的不同是理性。众所周知,人之所以能够成为犯罪主体,是以唯心主义哲学的自由意志论及理性主义等为哲理基础的。[②]刑法上的控制能力,是指行为人具备决定自己是否以行为触犯刑法的能力。生成式人工智能能够控制是否生成内容、生成何种内容及是否生成合规内容,不过

---

① 参见姚万勤:《对通过新增罪名应对人工智能风险的质疑》,载《当代法学》2019 年第 3 期。
② 参见彭文华:《人工智能的刑法规制》,载《现代法学》2019 年第 5 期。

这一过程只是人类自我控制能力的拓展而已。刑法上的受刑能力,是指有效地接受刑罚执行之能力。ChatGPT 类生成式人工智能不会因刑罚感受到任何痛苦,将现行的刑罚施加在人工智能上也不具备现实的可行性,即使创设出针对人工智能的新刑罚方式,也无法实现刑罚的功能和目的。

(二)肯定说

肯定说主张生成式人工智能可以成为犯罪主体。目前,关于人工智能体犯罪主体资格的研究,多数集中于人工智能体是否具备刑事责任能力的讨论上。[①]美国学者就通过类比法人刑事责任能力理论,认为应当赋予人工智能刑事责任主体资格,理由是法人和人工智能没有本质区别,既然法人可以承担刑事责任,人工智能当然也能承担刑事责任。[②]我国有学者从功利主义视角论证人工智能的主体地位。功利主义以人类利益为核心,认为道德的本质是功利,道德只是达到功利的手段。承认人工智能的主体地位不是与其讲道德,不是提升其至与自然人相同的地位,而是通过"道德"手段使其成为刑法规制的对象,以实现功利的目的。功利主义视角实际上是对人工智能的限制,该限制方式是承认其刑事责任主体地位。[③]

(三)区分说

区分说主张强人工智能可以成为犯罪主体,弱人工智能不具备成为犯罪主体的条件。本文赞同区分说的观点。

首先,强人工智能具备辨认能力和控制能力。否定说承认生成式人工智能的辨认能力和控制能力强于人类,但认为人工智能的辨认能力和控制能力限制在人类制定的编程范围之内,是依附于自然人的,故生成式人工智能不能成为犯罪主体。笔者认为,否定说的理由显然混淆了弱人工智能和强人工智能的区别,其未注意到弱人工智能和强人工智能的区别,只是站在"工具论"的价值判断立场上一概地判定人工智能机器人是自然人的附庸,忽略了科学技术的发展能够使得人工智能超出人类技术控制范围的趋势。生成式人工智能虽然依赖既定的程序,但是可以通过海量的参数模拟人脑的机能,从而脱离算法规则、不以人类意志为转移地创作出相应的内容,可以说,ChatGPT 已经接近强人工智

---

① 参见骆多、林星成:《人工智能体犯罪主体资格证伪——以刑事责任之实现为视角》,载《学术交流》2020 年第 1 期。

② Gabriel Hallevy, Virtual Criminal Responsibility, Original Law Review, 2010, 6(1).

③ 参见陈叙言:《人工智能刑事责任主体问题之初探》,载《社会科学》2019 年第 3 期。

能。ChatGPT 的创始人山姆·阿尔特曼也在接受采访时表示,GPT-4 已经出现了无法解释的推理能力,没有人能解释这种能力出现的原因,甚至其研发团队也无法弄清它是如何"进化"的。①

其次,强人工智能作为犯罪主体具备哲学基础。以强人工智能对否定说提出反驳,否定说又主张强人工智能不具备理性,不存在成为犯罪主体的哲学基础。否定说的理由建立在唯心主义哲学的自由意志论及理性主义上,忽略了科学实证主义得以证成人工智能主体资格的现实可能。科学实证主义拒绝采用唯心主义哲学的理性主义把握犯罪主体,其认为通过对现象的归纳同样可以得出科学定律。不少学者都担忧,人工智能的运用可能会使得刑事责任发生扩散,②所以立足科学实证主义,采用刑法规制人工智能,赋予包括生成式人工智能在内的各类强人工智能犯罪主体地位会大大减轻人们对相关的犯罪的恐惧心理,特别是研发者。在这方面,法人成为犯罪主体是对科学实证主义的很好佐证。法人人格的建立实际上是对法律主体认定过程中自由意志、理性等主观要素的解构,法人并不具备自由意志和理性,但是根据现实的需要法律可以为法人拟制法律主体资格。由此观之,传统以人类为中心的哲学基础并非颠扑不破的真理。

最后,强人工智能具备受刑能力。否定说主张人工智能无法感知痛苦,也无法适用我国《刑法》规定的刑罚种类,故不具备受刑能力。这一理由存在逻辑上的缺陷而不能成立。③正确的逻辑是先有犯罪后有刑罚,例如,我国 1979 年《刑法》没有规定单位犯罪,所以主刑中没有可以适用于单位的刑罚。但是随着单位犯罪数量的增多,惩罚和预防这类犯罪越来越成为现实的需要,于是 1997 年《刑法》规定单位可以成为犯罪主体,并且在刑罚制度上作出了改革,规定了对单位犯罪采用双罚制,使得单位得以承担刑事责任。此外,单位作为一个抽象的概念,其并非具体的人,也无法感知到刑罚带来的痛苦,而《刑法》规定其为犯罪主体,这无疑是对否定说的有力批判。因此,若强人工智能机器人具备独立的意识实施了知识产权类犯罪或者其他种类的犯罪,应当将其作为犯罪主体对待,使之承担相应的刑事责任。虽然现行刑法中尚未规定针对强人工智能机器人的刑罚处罚方式,但在前瞻性理念的指导下,理应增设合适的刑罚处罚方式来应对人工智能时代的挑战。强人工智能存在有形和无形之分,ChatGPT 类

---

① 参见刘宪权:《ChatGPT 等生成式人工智能的刑事责任问题研究》,载《现代法学》2023 年第 4 期。
② 参见[德]苏珊·贝克:《数字化和人工智能对刑事责任的扩散》,王德政译,载《吉首大学学报(社会科学版)》2022 年第 5 期。
③ 参见刘宪权:《人工智能时代的刑事责任演变:昨天、今天、明天》,载《法学》2019 年第 1 期。

生成式人工智能不具备物理形态,依赖程序进行运作,故适用删除数据、修改程序、删除程序等刑罚处罚,有形的强智能机器人可以对其适用限制自由刑、剥夺自由刑和销毁的刑罚处罚方式。

结　　语

人类已经进入被描述为智能革命的第四次工业革命时代,不同于以往的动力革命和信息革命,当前的智能革命侧重对未来智能体的构建和人类智能的模拟,从而革新生产力发展水平。[①]立足前瞻性的刑法理念,不难发现 ChatGPT 类生成式人工智能所带来的各类风险和挑战,生成式人工智能在各个环节都由于自身特性而涉及知识产权类犯罪。对生成式人工智能相关犯罪各方主体进行刑事责任的研究并不违反刑法的谦抑性原则,而是在发挥刑法作为最后保障性手段的作用。ChatGPT 的迭代展现出强人工智能机器人雏形,我们有必要进一步思考强人工智能机器人的刑事责任问题,避免人工智能的发展对刑事责任体系造成冲击。

[①]　参见高奇琦:《智能革命与国家治理现代化初探》,载《中国社会科学》2020 年第 7 期。

生成式人工智能
涉知识产权犯罪研究

上官子燕[*]

内容摘要 生成式人工智能技术的迅猛发展对社会结构与社会关系带来了极大冲击。数据是生成式人工智能技术的灵魂,其中不可避免地包含具有知识产权意义的内容,其潜在的知识产权犯罪问题值得我们研究。以刑事责任承担主体为分类依据,首先,对人工智能生成内容的知识产权属性进行分类界定,在此基础上分析使用者对各类生成内容不当利用行为对版权制度与市场经济秩序的影响,以及刑法对使用者不当利用行为的规制路径。其次,从知识产权类犯罪的规范构造出发,结合前置法的基本理论,分析研发者模型训练阶段的数据挖掘行为在何种情形下可能触犯侵犯著作权罪与侵犯商业秘密罪。最后,明确研发者在模型应用阶段对人工智能生成内容涉知识产权犯罪的刑事责任承担,否定使用者和智能体自身的刑事责任,与前述刑法对使用者利用行为的规制相呼应,完善了刑法对人工智能生成物涉知识产权问题的规制路径。生成式人工智能技术的发展不应以损害知识产权为代价,从刑法角度进行未雨绸缪的探析并非对新兴技术的否定,而是旨在规范生成式人工智能技术的发展。

关键词 生成式人工智能 侵犯著作权罪 侵犯商业秘密罪 刑事责任

一、生成式人工智能涉知识产权犯罪行为概述

根据生成式人工智能的运行机理,其产出生成物的过程分为三个阶段:训练学习的准备阶段、算法模型的构建阶段、内容生成的输出阶段。在这个过程中,生成式人工智能的参与主体有研发者、生成式人工智能自身、使用者。责任产生的前提,是主体对于法律规范具有认识理解的能力,同时具备实施具体行为时的意志力,生成式人工智能自身显然不能作为承担刑事责任的主体,生成式人工智能引起的危害后果最终都要由研发者和使用者承担,因此首先要明确使用者和研发者两类参与主体在生成式人工智能技术发展过程中可能构成知

---

* 上官子燕,华东政法大学硕士研究生。

识产权犯罪的行为类型。

首先,生成式人工智能不可避免地会输出许多具有知识产权意义的内容,使用者对该内容的后续利用可能被认定为侵犯著作权罪。讨论人工智能生成内容引起的知识产权犯罪,前提是明确生成内容是不是合格的知识产权客体,也即知识产权类犯罪的犯罪对象。笔者认为不能对人工智能生成物的可版权性进行全面否定的判断,实际上根据使用者下达指令的不同,生成式人工智能合成的结果也不同,应当对其进行类型化的认定与保护。对于生成式人工智能的合成内容,从知识产权的角度可以分为两种:一种合成内容与他人作品完全相同或实质性相似;另一种生成内容不包含他人的作品,具有一定的"原创性",本文称之为"原创生成内容"。对于不包含他人作品也不具有最低限度创造性的内容,显然不值得予以保护,故对其不予讨论。使用者如果利用生成式人工智能合成第一种内容,之后进行复制、发行等商业性利用,其实质上是将生成式人工智能作为犯罪工具,仍属于传统的侵犯著作权罪。使用者对第二种生成内容的不当利用,需要进一步根据该类内容的作品属性与权属进行分类讨论,一是根据使用者的引导和观点进行创作,或者在使用者提供的生成作品的基础上进行修改;二是使用者只是以简单指令启动生成程序,并未参与任何创作过程。在第一种情形中,生成式人工智能本质上是辅助使用者创作的工具,使用者的智力劳动对生成的结果起到了支配性作用,应当将该类内容认定为使用者的作品,此时第三人对该内容的不当利用行为可能侵犯原使用者的著作权,达到一定程度则可能破坏相关市场的经营秩序。但在第二种情形中,使用者的参与对于生成内容的作用是微乎其微的,此时生成式人工智能的生成内容是算法和深度学习能力共同支配下的结果,如果对生成内容作出创造性贡献的是生成式人工智能本身,使用者对这类生成内容的不当利用行为虽不会侵犯研发者的私益,但却会严重破坏文化市场的正常经营秩序,损害社会公共利益。

其次,在数据训练阶段,研发者的数据挖掘行为可能会构成侵犯著作权罪或侵犯商业秘密罪。目前生成式人工智能仍然不属于强人工智能的范畴,其算法程序并不能与人类一样依靠自主阅读的方式来获取所需要的信息,仍然需要依赖数据的输入。用于训练模型所采集的数据包括但不限于公共数据集、公共网站、自有数据、众包数据、合成数据等数据源,[1]只要是在互联网上公开的数据信息都有可能成为被学习的材料,其中不可避免地包含了大量他人享有专有权

---

[1]　兰鹏、刘松慧:《试论 AIGC 所涉法律风险及规制方式》,载微信公众号"浩天法律评论",2023 年 10 月 7 日。

利的文本信息。因此,研发者的数据挖掘行为从知识产权的角度可以分为两类,一类是挖掘包含他人商业秘密的数据,另一类是挖掘包含他人作品的数据。第一类情形中,如果权利人并未对其技术信息或经营信息进行有效的管理和保护,则该信息无法被认定为商业秘密,研发者对这种处于公开场所的信息的挖掘不涉及对他人权益的侵犯;但如果该类信息被认定为商业秘密,则研发者的数据挖掘行为实质上是运用电子信息技术突破权利人的保护措施获取其商业秘密,挖掘目的是为了训练自己的产品以获取商业利益,该行为无疑是对权利人财产权益与竞争优势的破坏。第二类情形中,如果研发者在合理手段和限度内复制他人数字作品,符合著作权制度中的合理使用情形则不构成侵权,但生成式人工智能技术研发者数据挖掘行为是为了训练模型,看似使用他人作品的目的是技术研发,但本质上是超出合理使用范围的商业性利用,且未获得合法授权,可能侵犯他人的著作财产权,情节严重的则会破坏社会主义市场经济秩序。

最后,在模型应用阶段,生成式人工智能自身如果输出与他人作品完全相同或实质性相似的内容,研发者则可能承担侵犯著作权罪的刑事责任。如前所述,使用者对包含他人作品的生成内容进行不当利用可能侵犯他人著作权。同时,按照"接触＋实质性相似"的侵权判断规则,生成式人工智能的生成行为也可能被认定为"复制他人作品"的行为,与传统的著作权侵权行为基本一致,通过侵犯著作权罪规制其行为目前不存在障碍,关键在于明晰该生成行为触犯侵犯著作权罪时的刑事责任承担主体。

二、使用者对生成内容不当利用行为的刑法规制

(一) 使用者对"包含他人作品的生成内容"不当利用行为的刑法规制

不当利用行为主要是指超出著作权法规定的合理使用范围进行使用。生成式人工智能通过大量文本语料库进行训练,其学习的能力很大程度依赖海量数据,往往无法跳出训练文本库的归纳范围。包含他人作品的生成内容无疑是受著作权法保护的,使用者对这类内容的利用包括两种情形:一种情形是使用者给生成式人工智能下达的指令就是生成某人的作品,此时生成式人工智能只是行为人实施侵犯著作权罪的犯罪工具,使用者以营利为目的对这类生成内容后续的复制、出版或信息网络传播行为本质上并未跳出传统侵犯著作权罪的行

为模式,现行刑法完全可以规制该行为。另一种情形是在使用者引导问答的过程中,生成式人工智能的回答缺失对于来源的引用,存在过度借鉴他人作品的情况,使用者未注明来源对该生成内容进行使用时可能造成剽窃,使用不当就有可能侵犯他人的著作权,达到一定数额标准或情节严重的可能构成侵犯著作权罪。后一种情形中,使用者的恶意程度虽然较低,但其行为本质上与前种情形无异。

（二）使用者对"原创生成内容"不当利用行为的刑法规制

1. 对"使用者创造性介入的生成内容"不当利用行为的刑法规制

使用者创造性介入的生成内容属于著作权法意义上的作品,使用者对该类生成内容进行复制、发行或通过信息网络传播并不会面临侵权甚至犯罪。传统的创作者要完成一部作品需要耗费极大的心血,相比之下,借助生成式人工智能创作的内容所付出的智力劳动成本显然更低。然而,这只是创造性劳动多与少的区别,并非有与无的区别,是量的区别而非质的区别。著作权是为了补偿作者付出的劳动,不能因为辅助性工具的介入而否定使用者的创造性劳动。首先,生成式人工智能对庞大的信息库检索并合成符合逻辑要求的内容,实际上近似独立的汇编行为,如果在用户的参与下,新作品从形式上与表达上已与原作品产生了差异,即"在人类自己所创设符号意义上能够解读出具有最低限度的创造性",①则符合作品的独创性要求。其次,使用者作出了创造性贡献,可以认为该内容是由自然人创作的,符合著作权对创作主体的要求。从域外经验来看,2023 年 3 月美国版权局发布的《版权登记指南:包含人工智能生成材料的作品》明确表示,由人工智能参与生成但包含人类主体创造性介入的作品具有可版权性。将该类生成内容认定为使用者的作品是对著作权法鼓励作品创作和传播理念的践行和发展,符合著作权法鼓励创作的立法目的。使用者对其作品的商业性使用当然不会侵犯他人利益以及公共利益。

值得注意的是,第三人对该内容的不当利用则可能侵犯他人的著作权,对原作品的价值和潜在市场造成重大损害时则可能成立犯罪。如前述,该类内容属于作品,使用者为著作权人,第三人未经许可或超出许可范围对该类内容超出合理使用范围的商业性利用当然地侵犯了使用者的著作权,当复制、发行或通过信息网络传播的数量达到一定标准或严重影响到原创作者的利益以及衍生作品市场的竞争秩序,则构成侵犯著作权罪,将面临刑事处罚。

---

① 易继明:《人工智能创作物是物品吗?》,载《法律科学》2017 年第 5 期。

2. 对"生成式人工智能自身创造性介入的生成内容"不当利用行为的刑法规制

人工智能生成的不包含他人作品而具有一定创造性的内容并非著作权意义上的作品,申言之,这类内容不属于侵犯著作权罪的犯罪对象。从我国现有的理论和法律规定来看,《著作权法》第 3 条规定作品是指文学、艺术和科学领域内具有独创性并能以一定形式表现的智力成果。首先,人工智能生成内容是否属于作品的核心在于是否具备独创性。生成式人工智能自身的创造性介入来源于其获取的数据语料和人工标注过程中所蕴含的思想情感,这在算法生成的过程中产生了碰撞,形成了新的表达。从 ChatGPT 第四代的升级可以看到,这类生成内容是生成式人工智能选择、取舍、安排、设计的结果,而不是依照既定的程序进行推理和运算而来,已经具备前述独创性的要求,不能再以独创性要件否定其成为作品。其次,应当注意到独创性并非成立作品的唯一要件,成立作品还要求是"智力劳动成果",显然生成式人工智能并不具有"智力"。再者,猕猴拍照案中即便是有智力的猕猴,其拍摄的照片也不被认可为作品,因为《著作权法》第 2 条规定只有中国公民、法人或非法人组织的作品才可以被法律保护,而猕猴并非这三种主体;同样地,生成式人工智能既不是自然人,也不是法人或非法人组织。更为重要的是,保护此类成果与我国著作权法鼓励创作的立法目的不符。生成式人工智能不可能受到著作权法的激励,以鼓励作品创作为己任的著作权法,不会将这类视为作品并提供保护。从比较法的层面来看,只有英国等普通法系国家和地区通过单独立法为包括人工智能在内的所有计算机生成内容的生产者提供除人身权以外的短期著作权保护。按照目前绝大部分国家的著作权法,使用人工智能软件产生的内容不属于法律意义上的作品,人工智能软件本身不能视为法律意义上的作者,使用者也并非著作权人。[①]欧洲大陆与美国坚持以人类为中心的著作权制度,否定人工智能自动生成内容受著作权保护。可见在域外其他国家大多数也并未将人工智能生成物纳入著作权保护。

虽然该类生成内容尚不属于著作权法意义上的作品,不属于侵犯著作权罪的犯罪对象,使用者对该内容进行复制发行或传播并不会触犯侵犯著作权罪,但从应然层面来看,使用者对该类生成内容的不当利用行为应当被刑法规制。

首先,使用者对该类生成内容的不当利用行为可能损害版权激励制度,阻

[①] 王迁:《论人工智能生成的内容在著作权法中的定性》,载《法律科学(西北政法大学学报)》2017 年第 5 期。

碍创新。相比其他创作者，使用者可能只需要花费百分之一的精力，就可以通过生成式人工智能得到同等质量的作品，这极大挫伤了传统创作者的创作热情。复制权、发行权和信息网络传播权等专有权利设立的初衷，是为了使作者从他人对作品的利用中获得合理回报。在这样的激励机制下，使更多的人愿意投身创作活动，从而才能促进社会主义文化和科学事业的发展与繁荣。如果不对生成式人工智能输出的具有创造性的内容进行保护，就难以规制使用者的该行为，使用者不需要付出一点智力劳动，就能够获取一份有创造性的内容，在同类产品市场上参与竞争，虽然这并未损害生成式人工智能自身或其背后研发公司的利益，但却造成了对其他创作者的不公平，破坏版权激励机制，无益于文化市场的繁荣发展，与著作权的立法目的背道而驰。

其次，使用者对该类生成内容的不当利用行为可能严重扰乱相关市场正常的经营竞争秩序，应当予以刑法规制。如果仅从犯罪构成要件内部对该行为进行对策式分析，则可能遗漏本该纳入刑法评价的行为或过度扩张侵犯著作权的犯罪对象。是故，我们应当更多地通过检视侵犯著作权罪的保护法益和规范目的来探析刑法对该行为规制的必要性。由于侵犯著作权罪位于刑法分则第三章"破坏社会主义市场经济秩序罪"，我国刑法通说认为，侵犯著作权罪的保护法益首先是国家的著作权管理秩序。在"两高"发布的多个知识产权刑事案件司法解释中，开篇均有"为依法惩治侵犯知识产权犯罪，维护社会主义市场经济秩序"之表述或近似用语。[①]因此，"秩序说"具有坚实的规范基础。还有学者提出我国知识产权犯罪刑事制裁的价值取向不仅在于保护权利人的财产权益，更在于"维护正常的市场竞争秩序，而其背后保护的是知识产权给权利人在市场竞争中带来的优势地位"。[②]使用者以营利为目的对此类生成的内容的复制、出版和信息网络传播行为，情节严重的就可能侵犯到该罪保护的法益，即著作权管理秩序及其背后的市场经济秩序。根据法益保护理论，刑法以保护法益为宗旨，对某一行为进行规制的最根本原因在于其具有严重的法益侵害性。因此，当使用者对这类生成内容的不当利用行为严重侵犯相关市场正常经营竞争秩序时，刑法有必要对其予以规制。

最后，关于用户协议涉及的被害人承诺问题，假设该类内容能够成为侵犯著作权罪的犯罪对象，研发者对权益受损的承诺也不能阻却犯罪的成立。有学

---

① 安然：《人工智能时代侵犯著作权罪的法益嬗变与刑法应对》，载《扬州大学学报（人文社会科学版）》2022年第3期。

② 王志远：《网络知识产权犯罪的挑战与应对——从知识产权犯罪的本质入手》，载《法学论坛》2020年第5期。

者提出,应当由开发者、使用者和投资者这三个利益相关方对这类生成内容的权属进行约定。[①]以 ChatGPT 为例,其开发公司 OpenAI 在《使用协议》第 3(a)条规定,用户向模型的输入和接收模型的输出称为"内容",用户拥有所有输入内容,能够在遵守本条款和法律规定的前提下受让输出内容的所有权利及利益,包括销售或出版等商业性使用。基于此认为使用者对该类生成内容的不当利用其实是在复制或传播自己的作品,自然不构成著作权侵犯,从刑法的角度可以通过被害人承诺理论阻却犯罪。笔者持否定意见:一方面,我国刑法只明文规定了正当防卫、紧急避险两种违法性阻却事由,被害人承诺不属于我国刑法规定的违法性阻却事由,即使被害人承诺其造成轻伤,不影响对犯罪事实和后果的认定。另一方面,在生成式人工智能的特殊场景下,用户协议对于该类生成内容的转让与传统的著作权转让并不相同。传统的著作权转让离不开人的创作而且还会激励人的创作,而生成式人工智能将其具有创造性的内容转让给使用者,则会产生相反的作用,导致人的创作越来越少,最终可能导致创作者皆为人工智能的局面,无疑是对文化发展的巨大破坏。因此,从利益衡量的角度来看,该协议对权属的约定并不能使使用者对该类生成内容的不当利用行为合法化。

针对现行刑法对此类行为的规制缺漏,一方面可以将该类生成内容纳入《著作权法》第 3 条中第九种作品类型"法律、行政法规规定的其他作品"。不必突破目前著作权法的规定将其认定为作品,可以赋予其"类人作品"的新身份予以不同程度的保护。吴汉东教授主张建立类人化创作与人类创作的"二元创作主体结构",[②]与笔者观点一致。另一方面,刑法侵犯著作权罪也可以作出相应修改,在将其纳入侵犯著作权罪的犯罪对象时,以刑法条文中"法律、行政法规规定的其他作品"的解释方式,将其解释入刑法保护的作品类型。且侵犯著作权罪的最后一款是空白罪状,为规定在法律、行政法规中的其他作品著作权纳入刑法保护留下了空间。侵犯著作权罪应当顺势而为、适度拓展,对良性的市场竞争秩序进行保护,以鼓励技术创新、推动社会进步。

三、研发者在模型训练阶段数据挖掘行为的刑法规制

(一) 挖掘"包含他人商业秘密的数据"的刑法规制

首先,要明确挖掘的技术信息或经营信息能否被认定为商业秘密。关键在

---

① 曹新明、杨绪东:《人工智能生成物著作权伦理探究》,载《知识产权》2019 年第 11 期。

② 吴汉东:《人工智能生成物作品的著作权法之问》,载《中外法学》2020 年第 3 期。

于商业秘密的三特征之一"保密性"的判断：如果权利人预先为该信息的相关载体设置了防火墙，对进入该载体的权限等设置了合理的保密措施，则该信息属于商业秘密，存在被侵犯的可能性；但如果权利人并未进行前述的管理，使其技术信息或经营信息处于"公开场所"，则不存在后续被"电子侵入"的情形。研发者挖掘的技术信息或经营信息如果属于前者，则有可能侵犯他人商业秘密。

其次，研发者挖掘该类数据的方式是否属于侵犯商业秘密罪中的"电子侵入"是需要重点讨论的问题。"侵入"意味着获取行为具有主动性和外部攻击性，如果研发者获取该类数据时经过了合法的授权程序，则该挖掘行为不具备攻击性；如果研发者获取该类数据是因权利人失误发送而导致行为人接收到商业秘密信息，则其挖掘行为不具备主动性。"电子侵入"意味着侵入的手段是植入病毒、爬虫、端口监听等电子信息技术。在生成式人工智能研发场景中，研发者获取前述信息的主要方式包括数据交易、自行采集和开放数据爬取等方式，其中不可避免地会运用到爬虫技术，研发者如果不遵守 Robots 协议，强行突破权利人的保密措施爬取其商业秘密供模型训练使用，其数据挖掘行为则属于以"电子侵入"手段侵犯权利人的商业秘密，造成权利人的重大损失时则构成"电子侵入"类型的侵犯商业秘密罪，否则仍应以一般侵权或不正当竞争进行评价。

此外，还需要注意研发者数据挖掘行为的主观方面是否存在故意。"电子侵入"方式在危害程度以及危害后果上与盗窃、利诱、欺诈、胁迫、贿赂等方式是相当的，但在主观方面却有所不同，因为其余五种方式是明显故意支配下的行为，"电子侵入"则可能存在过失。生成式人工智能研发者在数据挖掘过程中如果不存在故意，只是无意或疏忽大意地触发了电子程序而获取到他人的商业秘密并给权利人造成重大损失的，则对其行为不应予以刑法评价。只有当研发者对数据挖掘行为及其危害后果在主观上至少持放任的态度时，其客观上的电子侵入行为才有可能构成侵犯商业秘密罪。

最后，关于数据挖掘行为引发的罪数问题仍存在争议。行为人实施"电子侵入"行为后，所获取的信息很大程度上不仅是商业秘密，在通过"电子侵入"获取到不同类型的企业数据后，必然需要对一罪或者数罪、此罪或者彼罪进行判断，常见的是，在构成侵犯商业秘密罪的同时，可能构成诸如侵犯公民个人信息罪、非法获取计算机信息系统数据罪等。有学者提出两种认定方式：其一是对每个罪名所涉及的危害行为分别判断，看是否构成犯罪；其二是直接以"非法获取计算机信息系统数据罪"对行为人进行定罪。笔者认为，第一种适用可能引发罪责刑不一致的冲突，多个罪名分别确定不利于损失的统一衡量；第二种适用又过于口袋化，可能造成对罪刑法定原则的违反。因此，笔者认为如果研发者挖掘的数据被认定为他人的商业秘密，则应当定侵犯商业秘密罪，同时构成其他罪名的，依据想象竞合犯或牵连犯的处罚原则处理。

（二）挖掘"包含他人作品的数据"的刑法规制

首先，数据挖掘行为可能存在侵犯著作权罪中复制他人作品的行为。生成式人工智能获取前述数据的主要方式包括数据交易、自行采集和开放数据爬取等方式。通过这三种方式，将所输入的信息通过数字化处理转化为生成式人工智能可以理解的数据格式，一般会包括对非数字作品的数字化以及对数字化作品的直接复制，通常在自然语言处理领域被称为"文本数据挖掘"。从形式上看，文本数据挖掘行为属于侵犯著作权罪的法定情形之一"复制他人的作品"。但由于侵犯著作权罪是法定犯，民事侵犯是构成犯罪的前提，具体到"复制行为"，其实质上要求侵犯他人"复制权"。目前我国著作权法依旧保持了合理使用制度的封闭式规定，仅《著作权法》第 24 条规定的十三种情形可以被认定为合理使用，也就是说，目前我国著作权法并未将文本数据挖掘纳入合理使用的范围内，文本数据挖掘在我国依然需要相应的知识产权授权。从数据挖掘行为的使用目的来看，如果研发者在训练阶段的数据挖掘行为是临时复制他人数据库中的文本来喂养智能体，使智能体仅仅是学习该作品的语言模式，那么这可能构成转换性使用，属于合理使用而不会构成侵犯著作权罪；但如果研发者使智能体直接复制数据库中他人的创新性成果，则该数据挖掘行为不构成转换性使用，属于侵犯他人复制权的行为，当复制的文本数量达到一定数额标准则可能触犯侵犯著作权罪。从被挖掘作品的性质来看，作品的原创性越高、受保护的程度越高，对该作品的复制行为就越难被认定为合理使用。因此，如果研发者挖掘的只是他人数据库或作品中原创性极低的内容，比如只能体现对信息材料组织方式的内容，则该数据行为属于合理使用，并未侵犯他人复制权；反之，如果被挖掘的文本数据是他人数据库或作品中具有创造性的核心内容，则该数据挖掘行为很难被认定为合理使用，应属于侵犯他人复制权的行为，可能面临著作权侵犯甚至犯罪的风险。

其次，研发者的"技术开发目的"并不能否定其本质的营利目的。成立侵犯著作权罪主观上要求行为人"以营利为目的"，版权侵权行为的逐利性要求刑法以控制利益为核心，侵犯版权犯罪本质上是受经济利益驱动。侵犯著作权类犯罪原则上应以行为构成民事侵权为基础，营利性目的考量，核心是对"合理使用"予以有效排除。鉴于此，《著作权法》第 24 条规定的"合理使用"的情形应可以同时作为民事侵权和刑事犯罪的抗辩。但如前所述,数据挖掘行为不属于合理使用的法定情形。从实质来判断,著作权意义上的"合理使用"一般应满足非营利性、不影响作品正常使用、不侵害著作权人合法权益等条件。生成式人工智能的研发者往往都是大型商业公司,训练阶段的数据挖掘行为显然是为了后续产品投入使用后收取用户的使用费,而且其不支付任何费用使用他人作品无疑侵犯了众多权利人的著作财产权。需要注意的是,即使研发者在生成式人工智能产品投入使用后并未向用户收取费用,仍不能否定其存在营利目的。在传统获利方式以外,互联网流量经济下,不与提供作品直接关联的新型变现手段也很可能被认定为"营利目的"的体现,如植入第三方链接或者在提供作品同时进行页面跳转、通过免费提供生成内容以增加平台用户数以便后续利用平台流量进行商业推广等。

最后,从法律规范违法与犯罪界限看,著作权民事侵权是著作权犯罪的基础,侵犯著作权罪是民事侵权的质变,数额标准和严重情节属于质变的临界点,成为区分民事侵权与刑事犯罪关键。根据相关司法解释,复制他人作品五百张以上就达到刑事追诉的标准,一千张以上就达到"数额较大或有其他严重情节"。而研发者训练生成式人工智能所需的数据量多达上万亿,数据挖掘行为完全有可能达到质变的临界点,符合侵犯著作权罪的成立标准。此外,还需要考虑此类复制行为是否会侵犯原著作权人的财产权以及相关市场经营秩序,如果数据挖掘行为可能替代原作品的市场和价值并对衍生作品市场秩序造成损害,则符合情节严重的要求,应当通过侵犯著作权罪规制该行为。

此外,《生成式人工智能服务管理暂行办法》第 7 条规定"生成式人工智能服务提供者应当依法开展预训练、优化训练等训练数据处理活动,应当使用具有合法来源的数据和基础模型;涉及知识产权的,不得侵害他人依法享有的知识产权",体现出规范层面对于生成式人工智能所可能造成的知识产权法益损害后果的重视,生成式人工智能技术的研发不能以侵犯他人知识产权为代价是立法层面作出的价值选择。

四、研发者在模型应用阶段的刑事责任问题

如果使用者命令生成式人工智能实施侵犯著作权的行为,则使用者应当承担相应的刑事责任;同样地,如果生成式人工智能研发者在设计程序时故意设置侵犯他人著作权的功能,则研发者应当承担刑事责任。问题在于生成式人工智能通过深度学习,能够自主地实施侵犯著作权的犯罪行为,此种情形下,刑事

责任的承担者应当是生成式人工智能本体还是生成式人工智能的研发者？笔者认为，当生成式人工智能自主输出与他人作品构成实质性相似的内容时，应当由研发者承担侵犯著作权罪的刑事责任。

首先，生成式人工智能自身不是合格的刑事责任主体，天然不具备承担刑事责任的条件。责任产生的前提，是主体对于法律规范具有认识理解的能力，同时具备实施具体行为时的意志力，生成式人工智能自身显然不能作为承担刑事责任的主体。现阶段，智能体通常不具有真正的独立性，虽然拥有类人的智慧，但是尚未具备人的独立意识和理性，缺乏像人一样的辨认能力和控制能力，不具备承担刑事责任的条件。生成式人工智能有限的意志力是受他的所有人或者控制人预先设定的程序约束，并未利用自身的神经网络脱离控制，只能作为一种"犯罪工具"而存在，其对于生成内容的创造性贡献无法脱离既定的算法程序以及数据标注者的思想感情与价值取向。更重要的是，对于生成式人工智能输出的与他人作品实质性相似的内容而言，更是无法脱离研发者事先提供的"材料"。因此，有理由认为研发者应当对该类生成内容引起的危害后果负责，生成内容如果侵犯了他人著作权，研发者应当承担刑事责任。

其次，生成式人工智能研发者对智能体主导生成的结果具有支配性作用。一方面，根据算法的不透明性，设计者和制造者可能成为风险的源头，应当在算法内嵌入著作权法、职务业务要求、机器学习准则等有关的内容，避免智能体生成侵犯他人著作权的内容。另一方面，人工智能体在程序范围之内实施侵犯著作权行为时，不能自主决定行为的方式和目的，虽然人工智能存在一定的学习能力，但是在输入代码的时候就已经被研发者预先设定的程序固化，只能被动地强制接受。生成式人工智能合成内容的本质，是基于它所拥有的数据作表达意志的创作，如果人工智能体只能在人类预先设立的程序范围之内实施严重危害社会的犯罪行为，侵犯著作权人的利益，此时的行为实质上是其操控者或所有者的意志体现。此外，根据目前我国已有的相关规定，《生成式人工智能服务管理暂行办法》第9条"提供者应当依法承担网络信息内容生产者责任"，可见由研发者对生成内容引起的危害后果承担法律责任，是立法的取向。而生成与他人作品实质性相似的内容所引起的侵犯他人复制权，以及将该内容通过网络发送给使用者引起的侵犯他人信息网络传播权的刑事责任理应包含在该规定中的"生产者责任"之内。

最后，用户协议中关于生成内容权属的约定并不能使使用者成为承担刑事责任的主体。生成式人工智能研发者可能通过用户协议将其生成内容的使用权转移给使用者，实际上是将该生成内容可能引起的法律责任转移给使用者来承担,但其自身仍能对输出内容进行实际控制,甚至研发者还可能禁止用户转让或委托用户协议中包括控制权在内的权利或者义务,致使用户无法行使"输出内容所有权",将"所有权"给予用户实际上是希望用户承担更多责任,而研发者反而能通过"使用权"实质上对数据进行利用。①不明确责任划分无疑会助长生成式人工智能企业对个人权益的剥削和利用法律漏洞逃避责任的风气。②刑事责任主体的确定不以意思自治下的契约为依据,生成内容的使用权人并非刑法上的犯罪主体,用户协议中这种使用权归属的约定并不影响刑事责任承担主体的认定。

结　　语

　　生成式人工智能无论是对使用者还是对研发者均存在着巨大的知识产权犯罪风险。探析使用者对人工智能生成内容进行不正当使用的行为,其核心在于判断刑法何时需要对人工智能生成内容进行保护,而明晰生成式人工智能研发者数据挖掘行为的刑法定性以及生成内容侵犯他人著作权时的刑事责任承担主体,意在对生成式人工智能技术进行规制,如何在规制目的与保护目的中寻求平衡、实现鼓励创新创造的最大化是我们之后要继续探寻的问题。从刑法角度对生成式人工智能背后的知识产权问题进行研究,并非为了"禁止"生成式人工智能技术的开发与应用,而是为了"规范"该技术的开发与应用。生成式人工智能技术对社会生活各个领域的价值不容忽视,唯有在法治轨道上发展才能实现人工智能增益社会发展的初衷与科技"向上向善"的使命愿景。

---

　　①　袁曾:《生成式人工智能的责任能力研究》,载《东方法学》2023 年第 3 期。
　　②　于雯雯:《再论人工智能生成内容在著作权法上的权益归属》,载《中国社会科学院大学学报》2022 年第 2 期。

数据被遗忘权的刑法保护：
以 ChatGPT 为例

叶芳汝 *

内容摘要 ChatGPT 是一种神经网络的自然语言处理模型，其技术应用天然地具有数据泄露、数据污染、数据偏差等个人数据侵权风险。结合互联网超强的记忆功能以及我国对个人信息权的立法目的，数据被遗忘权的提出符合刑法法益的保护范畴。生成式人工智能的平台开发者、管理者以及使用者针对数据被遗忘权的行使都具有相应的义务。可以将侵害数据被遗忘权的行为划分为三种行为类型：拒不履行数据被遗忘义务、故意不删除或者编造相关数据以实现其他犯罪、未及时履行被遗忘义务造成严重损害后果。相关主体可能构成侵犯公民个人信息罪、拒不履行信息网络安全管理义务罪、侮辱罪、诽谤罪等，同时，应合理分配研发者和管理者的刑事责任，并要求其承担相应的合规管理责任。另外，为了完善既有刑法规制范围，需考虑增设妨害数据流通罪和重大数据安全事故罪。

关键词 ChatGPT 生成式人工智能 数据被遗忘权 法益证成 个人信息权 刑事责任

引　言

随着微软将 GPT-4 接入 Office(PPT、Word、Excel)等应用，国内文心一言等同类产品的推出，AIGC 的广应用阶段来临。以 ChatGPT 为代表的生成式人工智能运用的是"预训练＋微调"AI 开发范式，其首先借助大量的高质量训练数据集进行无监督、无标识的自学习，随后再借助迅速的微调和人类的反馈强化学习使初始化模型更加稳定、可靠地适用于下一阶段的任务。但是，庞大、无标识的"预训练"模式又将意味着公民对个人信息的掌控力逐渐被削弱，个人信息保护陷入了新的困境。[①]以 ChatGPT 为代表的新一代智能网络生成技术固然实现了科技的革新，但也有可能带来法律和伦理风险，甚至滋生犯罪。立法者和

---

* 叶芳汝，华东政法大学硕士研究生。

① 参见商建刚：《论生成式人工智能时代的被遗忘权》，载《时代法学》2023 年第 3 期。

监管者必须跟上这项新的、日益重要的技术步伐。刑法如何介入规制此类风险等问题备受学界关注。本文将以数据被遗忘权的构建为视角,通过对生成式人工智能的个人数据安全风险问题进行类型化分析,梳理相关应用中的数据被遗忘权保护义务,进而明晰 ChatGPT 平台及相关主体的刑事责任。

一、生成式人工智能与个人数据侵权风险

生成式人工智能主要是指模仿神经网络的自然语言处理模型,它可以通过学习大量的语言数据来响应和回复。生成式人工智能的自学习模式将未标注的个人原始信息变成一碗"数据汤",①该模式下的数据应用具有无形性、潜伏性以及未知性等特征,因而极易引发对个人信息的滥用和侵害,②同时导致信息主体面临"告知—同意"个人信息权利实现机制失效等困局。③如果生成式人工智能在训练和使用过程中没有得到适当的安全保护措施,就可能会存在数据泄露、数据污染、数据偏差等风险。

(一) 个人数据泄露风险

数据泄露行为包括未经授权的信息访问行为、数据盗窃等恶意行为或者其他因技术漏洞造成数据泄露的无意行为。近日,OpenAI 官网发布了一则声明称,由于开源库中的一个错误造成 ChatGPT 脱机,使得一些用户能够查看另一个在线用户的历史聊天记录。除此之外,某些用户甚至可能会看到另一个在线用户的姓名、电子邮件地址、付款地址、信用卡号的最后四位数字和信用卡到期日期等个人信息。由于 ChatGPT 的程序错误,极可能导致大量的公民个人信息泄露乃至被非法利用。另外,OpenAI 公司还存在将其在预训练过程中获得的未公开的数据泄露的风险,攻击者可以通过访问神经网络模型参数输出数据,导致个人信息的泄露。基于此,亚马逊、摩根大通等公司已经禁止员工使用 ChatGPT,避免可能出现的商业秘密泄露问题。④

(二) 个人数据污染风险

数据污染是指由于人们故意或偶然的行为造成的原始数据的完整性和真

---

① 转引自商建刚:《论生成式人工智能时代的被遗忘权》,载《时代法学》2023 年第 3 期。
② 田野:《风险作为损害:大数据时代侵权"损害"概念的革新》,载《政治与法律》2021 年第 10 期。
③ 张涛:《探寻个人信息保护的风险控制路径之维》,载《法学》2022 年第 6 期。
④ 参见陈锐、江奕辉:《生成式 AI 的治理研究——以 ChatGPT 为例》,载《科学学研究》2024 年第 1 期。

实性的损害，是对真实数据的扭曲。数据污染可能发生在数据搜集、整理、分析和解释等各个环节，具有一定的隐蔽性和扩散性。如前所述，生成式人工智能的预训练阶段是生成准确模型的前提，这一阶段需要借助大量的、优质的训练数据来形成原始模型。其所需的庞大的数据库体量决定一旦行为人故意污染它所采用的数据来源，就会影响 ChatGPT 的生成结果并造成整个信息环境的大污染。由于这种仿真方式不会检查出输出内容的真实性，所以在面对被污染的数据时会将其视为"正确"而进行大量传播，进而会引流媒体制造网络舆情，为网络谣言、网络暴力等黑灰产业链注入恶性力量。另外，模型训练过程中的人为介入也可能会造成数据的污染风险。无论是前期在数据的微调阶段对原始模型标注虚假、有害信息的数据集，还是在后期通过奖惩模式来进一步统一生成结果，都离不开人工智能训练师的介入。价值观扭曲或者工作环境恶劣的训练师可能会故意在数据生成过程中做出错误的引导，从而使 ChatGPT 接受到"劣质"的训练，使其模型在运行过程中产生新的社会风险。

（三）个人数据偏差风险

数据偏差主要是指利用数据集可能训练出的所有模型与真实模型的输出值之间的差异。数据偏差与数据污染的根本区别在于，数据偏差源于数据源的不准确性和错误性，而数据污染则是在正确的数据源上对人工智能进行误导训练。在 ChatGPT 的训练阶段，模型需要的数据大多来自网络，其中难免会包括未经证实、未经授权的个人信息以及其他未经授权的具有指向性的个人数据，甚至包括虚假的、错误的个人信息。在深度学习的框架下，模型学到的东西来源于训练数据，如果数据存在偏差，便会使得模型的预测出现偏向及不公平等现象。作为一款基于深度学习的自然语言处理模型，生成式人工智能存在的最大技术风险是可能无法处理超出其训练数据范围的语言现象，也即无法判断其学习数据的真实性和可靠性。对于数据偏差的非法利用，不但会损害数据主体的合法权益，也会造成数据安全法益的损害，因此须赋予数据存储和运行主体更严格的数据审查和监管义务。

ChatGPT 等生成式人工智能并没有从根本上理解人类语言背后的含义，由此才会引发个人信息数据泄露、污染等问题。交互式训练方式所运用的庞大的个人信息及数据体量也扩大了个人数据侵权行为的损害后果。因此，我国在互联网领域引入数据被遗忘权是具有相当必要性的。

二、数据被遗忘权的本土化植入

数据被遗忘权来源于欧美法律中对公民个人信息的保护。欧盟法院在"谷歌诉冈萨雷斯被遗忘权案"中的判决第一次在法律效力上确立了公民的"被遗忘权"。但被遗忘权是否应当被移入我国,以及应当如何对其进行定性和保护的问题,学界存在不同的看法。对此,本文就"是否应当将数据被遗忘权作为我国刑法的保护对象"这一问题,从数据被遗忘权的属性以及法益角度加以证成。

(一) 数据被遗忘权的提出

欧盟关于数据保护的立法自 1995 年开始实施。《数据保护指令》旨在有效保护有关数据安全的基本权利。随着社交网站、云计算的出现,个人数据的处理呈现出指数级的增长态势,欧盟为了适应这种变化于 2015 年通过数据保护改革方案。其中《通用数据保护条例》(GDPR)对《数据保护指令》中的相关原则进行了修改,最为重要的变化之一便是明确提出了"被遗忘权"。数据被遗忘权的内容是"数据主体有权要求数据控制者永久删除有关数据主体的个人数据,除非数据的保留有合法的理由"。[①]例如,如果数据的保留是履行合同或遵守法律义务所必需的,则可以为此目的保留数据。欧盟提出被遗忘权的目的在于保护个人隐私,而不是抹杀过去的事件或限制新闻自由;也并不意味着应个人的每一次请求,其所有个人数据都将被立即永久删除。美国加利福尼亚州的"橡皮擦法案"也涉及被遗忘权的内容,但其适用对象仅限于未成年人,并且只允许擦除未成年人自行发布在社交网络上的内容,而无权要求删除其他人发布的有关其个人信息的图片或者文字。[②]

我国现行法律体系虽并未明确提出对数据被遗忘权的保护,但是现有的法律条文中数据被遗忘权的思想已经有所体现。2005 年 6 月的《信息保护法示范草案学者建议稿》首次将"删除"上升为一项权利,作为个人信息保护的一种有效的手段,其规定当个人信息被非法储存以及信息处理主体已无知悉该信息的必要时,该个人信息应当被删除。2011 年工信部颁发的《信息安全技术公共及商用服务信息系统个人信息保护指南》中规定了个人信息删除权的内容,这是我国目前最接近欧盟被遗忘权的规定。其规定当个人信息主体有正当理由要

---

① 梁辰曦、董天策:《试论大数据背景下"被遗忘权"的属性及其边界》,载《学术研究》2015 年第 9 期。

② 杨立新、韩煦:《被遗忘权的中国本土化及法律适用》,载《法律适用》2015 年第 2 期。

求删除个人信息时，个人信息处理者应当及时地对相关个人数据进行删除。另外，《民法典》侵权责任编第 1165 条第 1 款关于过错责任的原则和侵权责任的一般条款的规定，是我国目前对被遗忘权保护最直接、最有效的法律。①除此之外，刑事司法领域中的被遗忘权引入源自犯罪记录封存制度，但是在当前网络迅猛发展的今天，网络犯罪日益增多，要想更好地保护数据安全，就要将数据被遗忘权纳入刑法的规制范围，因此，应当从刑法保护法益的角度来证成其合法性与必要性。

（二）数据被遗忘权的法益证成

由于数据被遗忘权的保护理念尚未通过法律语言予以明确，因此学界对于数据被遗忘权的相关问题尚存争论。随着大数据和人工智能时代的到来，数据被遗忘权应当在刑法保护中被明确提出并作为刑法法益的内容，施以刑法保护。数据被遗忘权法益的确立，可从以下几个方面得以证成：

1. 数据被遗忘权是互联网超强记忆功能孵化的新兴权利

大数据时代，网络信息的存储和获取不再受时间、空间等的限制，数字信息也逐渐展现出了"永恒记忆""无法遗忘"等特点。②人们的过去不经意间就会成为扰乱正常生活的"不定时炸弹"，大数据的监视使一件事情更加难以被遗忘、被宽恕，对人的尊严和自由造成极大的威胁。当前大数据背景下，数据的价值不仅在于首次使用，更是在于再次使用或重复使用。例如，ChatGPT 强大的算法功能将其获取的信息进行不断地处理、整合，从而获取更加有效的模型，其对已获取数据的处理往往是重复性的。这种个人信息无标识的大量循环利用摧毁了"告知—同意"个人信息处理机制，个人对于其信息所享有的权利处于一种失控的状态，进而造成对个人信息权的侵害。法律保护个人信息权，虽然以禁止披露相关信息为其表现形式，但背后突出反映了对个人控制其信息资料的充分尊重。③数据被遗忘权作为一种新兴权利，其产生背景便是互联网超强的记忆功能使得个人信息数据面临着过度、重复使用的风险。因此，为避免互联网超强的记忆功能对个人信息数据进行过度再利用而产生社会危害，在刑法领域确认这一新兴权利的保护具有合理性。

2. 数据被遗忘权符合个人信息保护的立法目的要求

数据被遗忘权权利属性的确定应当是将其纳入刑法保护范围的前提。基

---

① 参见杨立新、韩煦：《被遗忘权的中国本土化及法律适用》，载《法律适用》2015 年第 2 期。
② 张里安：《"被遗忘权"：大数据时代下的新问题》，载《河北法学》2017 年第 3 期。
③ 王利明：《论个人信息权在人格权法中的地位》，载《苏州大学学报(哲学社会科学版)》2012 年第 6 期。

于个人信息的可识别性、非绝对私密性等特征,数据被遗忘权的研究应当跳出传统隐私权的范畴,从个人信息权的角度去理解。根据《数据保护指令》和《数据保护一般规则》中有关"被遗忘权"的规定,可以认为数字遗忘权的重点在于"删除"而非在于"遗忘"。①在"谷歌西班牙案"中欧盟法院的判决也认为有关数据主体的"不好的、不相关的、过分的"信息应当从结果中删除。基于以上规定和表述可知数据被遗忘权保护的核心在于数据主体对于个人信息的控制权,而非隐私权。这种控制权不仅仅包含个人对属于自己的信息的更新、删除的权利,也包含了解自己信息的用途、去向以及使用情况等的权利。从我国近年关于数据安全、个人信息保护的立法来看,我国虽然尚未明确提出数据被遗忘权的概念,但是数据被遗忘权的保护理念已经在我国的法治体系中得以确立。我国《个人信息保护法》第1条明确指出本法的立法目的是"为了保护个人信息权益,规范个人信息处理活动,促进个人信息合理利用",第4条也明确规定了对于已经识别或者可识别的自然人有关的各种信息的"删除权"属于个人信息法的保护内容。结合被遗忘权的内容来看,数据被遗忘权的保护已然顺应了我国个人信息保护法的立法目的。

3. 数据被遗忘权符合刑法保护的法益要求

20世纪80年代开始,人类进入信息化社会,个人信息成为重要的社会资源。②侵害个人信息的现象时有发生,特别是在网络环境下,侵犯公民个人信息权的行为具有更为严重的社会危害性,不仅会对公民个人的权益造成损害,还可能对公共安全、经济发展以及政府的管理造成很大的影响。③《刑法修正案(七)》及《刑法修正案(九)》均将个人信息保护作为重要立法内容,表明我国对个人信息侵权犯罪行为的惩治和打击力度不断加大。个人信息权属于积极性的人格权,强调对个人信息的支配、利用、决定和保护。④数据被遗忘权等新型个人信息权,便是强化个体对于个人信息或个人数据支配、控制权的表现。如前所述,ChatGPT等新型的生成式人工智能对个人数据的"无识别"重复利用势必会对公民个人信息造成严重侵害。我国已认识到ChatGPT等生成式人工智能与当前个人信息保护之间的严峻形势,也试图从生成式人工智能的开发与服务

---

① 转引自梁辰曦、董天策:《试论大数据背景下"被遗忘权"的属性及其边界》,载《学术研究》2015年第9期。

② 王利明:《论个人信息权在人格权法中的地位》,载《苏州大学学报(哲学社会科学版)》2012年第6期。

③ 刘宪权、方晋晔:《个人信息权的刑法保护的立法及完善》,载《华东政法大学学报》2009年第3期。

④ 杨立新、韩煦:《被遗忘权的中国本土化及法律适用》,载《法律适用》2015年第2期。

层面予以规制。国家互联网信息办公室与国家发展和改革委员会等部门联合颁布的《生成式人工智能服务管理暂行办法》中对个人信息的保护提出了明确的要求。个人信息作为新型的受法律保护的客体，是随着科技发展和社会进步而产生的，是社会进入信息时代、大数据时代的产物，侵害公民个人信息的行为势必会产生严重的危害社会的后果，应当受到刑法的规制。①由此，既然公民个人信息权已经获得了刑法保护的确认，那么在其内涵之下的数据被遗忘权，当然属于刑法法益的保护范畴。

(三) 数据被遗忘权的保护义务

与数据被遗忘权对应的是数据被遗忘义务。ChatGPT 的《服务条款》中明确规定，"(使用 ChatGPT)必须遵守数据保护法律：使用机器人处理任何个人数据，必须遵守所有的数据保护法律法规，包括不限于《通用数据保护条例》(GDPR)和加利福尼亚州《消费者隐私法案》(CCPA)"。②《服务条款》中也明确了 ChatGPT 仅是一个复杂的机器人软件，并且可能存在与之相关的某些网络安全漏洞。③据此，ChatGPT 的运行过程中，其平台开发者、管理者和使用者都负有一定的个人信息安全保护义务。根据不同主体间的数据被遗忘权保护义务梳理，可以构建和完善我国本土化的数据被遗忘权内容。

1. 平台开发者义务。生成式人工智能的数据处理，主要依赖于使用者与生成式人工智能系统的交互训练，以提高其数据处理的准确性和可靠性。根据《通用数据保护条例》(GDPR)的规定，数据被遗忘权应当在生成式人工智能的数据处理过程中得以保障，生成式人工智能的开发者义不容辞地要担负起数据被遗忘权的保护义务。根据 ChatGPT《安全与隐私保护》条款的规定，ChatGPT 目前正致力于减少训练数据集中个人信息的数量，训练模型也会拒绝索取私人信息的请求，尽量减少模型生成包含个人隐私信息回答的可能性。④可以认为 ChatGPT 的这一举动便是对其自身个人数据保护义务的"认领"。因此，生成式人工智能开发者负有设计相关代码保证数据可以通过一定方法被遗忘、被删除的义务。上述我国《生成式人工智能服务管理暂行办法》第 9 条也为生成式人工智能服务提供者的网络信息安全义务和个人信息的保护义务提供了条文依据。因此，生成式人工智能的开发者应当义不容辞地担负起保护个人信息的义

---

① 郭明瑞：《民法总则通义》，商务印书馆 2018 年版，第 175 页。

② OpenAI, Documentation: Security & Privacy, https://openai.com/security.

③ OpenAI, Documentation: Terms of Service, https://ChatGPT.moe/legal/terms-of-service.html.

④ OpenAI, Documentation: Enterprise Privacy at OpenAI, https://openai.com/enterprise-privacy.

务,设计相应的程序或代码保障公民个人对其个人信息享有的被遗忘、被删除的权利得以实现。

2. 平台管理者义务。全国人民代表大会常务委员会《关于加强网络信息保护的决定》第 5 条规定,网络服务提供者应当加强对其用户发布的信息的管理,发现法律法规禁止发布或者传输的信息的,应当立即停止发布、传输该信息,采取消除等处置措施,保存有关记录,并向有关主管部门报告。第 11 条规定,"对有违反本决定行为的,依法给予警告罚款、没收违法所得、吊销许可证或者取消备案、关闭网站、禁止有关责任人员从事网络服务业务等处罚,……构成犯罪的,依法追究刑事责任"。生成式人工智能的平台管理者应当是生成式人工智能平台中实际履行数据被遗忘义务的主体。由于不同的信息处理环节对信息主体的权益影响是不同的,个人信息的发布行为是最彻底、最直接、最迅速地影响信息主体利益的环节,并且给最终信息的擦除带来更高的成本。①当个人信息所有人不再希望其个人信息在平台中存储时,如果没有法律规定的或者其他合理的理由保留数据,平台管理者应当充分地配合个人信息所有人删除其个人信息,防止信息的进一步流通扩大损害后果。若被请求遗忘的是未成年人的敏感个人信息,平台管理者应当无条件地立刻删除该信息。

3. 平台使用者义务。平台使用者即数据被遗忘权的所有者,其在行使数据被遗忘权的同时,应当履行合理行使该权利对应的义务。由于当前互联网运行需要依托庞大的数据体系,数据的被遗忘成本往往也是巨大的。若信息主体可以无条件地申请删除个人信息,互联网公司可能将要评估成千上亿条链接,因此,信息主体申请网络平台删除个人数据的权利应当根据个人信息的具体内容和删除的必要性予以一定的限制,即在数据被遗忘权的客体限度内采用合理的方式请求删除特定的个人信息。应当将特定的个人信息概括为不恰当的、过时的、会导致信息主体社会评价降低的信息,以此作为被遗忘权保护客体的限缩。②另外,那些为了保护言论自由、维护公共秩序与公共利益的需要或者为保护公众知情权而需要公开的其他的重要信息,应当被排除在数据被遗忘权的保护客体范围之外。

此外,在构建我国本土化的数据被遗忘权制度的同时,应当对以上主体的相关义务进行规范层面的明确,由此可以将生成式人工智能开发者和管理者的法定义务履行纳入数据安全合规管理的范畴。在人工智能体数据安全风险尚

---

① 万方:《终将被遗忘的权利——我国引入被遗忘权的思考》,载《法学评论》2016 年第 6 期。

② 杨立新、韩煦:《被遗忘权的中国本土化及法律适用》,载《法律适用》2015 年第 2 期。

未得到有效治理和明确其法定义务的前提下,引入适度的强制合规制度和合规激励机制,以促进相关主体在贯彻履行数据被遗忘权的同时,强化对个人信息安全的保护。

三、侵害数据被遗忘权的犯罪类型明晰

从侵害行为角度出发,现行刑法中与数据客体相关的罪名主要有四类,一是针对计算机信息系统数据实施的犯罪行为,包括非法获取计算机信息系统数据罪和破坏计算机信息系统罪;二是针对属于商业秘密的网络数据实施的犯罪行为,即侵犯商业秘密罪;三是针对公民个人信息数据实施的犯罪行为,即侵犯公民个人信息罪;四是针对财产性数据权益的犯罪行为,即盗窃罪、诈骗罪。但是根据生成式人工智能的技术特性以及上述相关主体的被遗忘权的义务,可以将侵害数据被遗忘权的行为类型化地分为三种:

(一) 拒不履行数据被遗忘义务的犯罪

根据数据被遗忘权的内容,ChatGPT 系统开发、管理的相关主体拒绝履行数据被遗忘义务,对公民的个人信息产生严重的损害,引发了严重的社会危害结果,情节严重的,应当认定为犯罪。比如,生成式人工智能处理模型所训练的数据集涉及公民的敏感信息(个人的身份证件信息、住宅信息、职业生涯、健康信息等),经信息所有者请求删除该信息之后平台管理者仍拒绝履行数据被遗忘义务,最终使该信息以各种渠道暴露于公众面前,甚至导致该信息被非法利用,影响公民的正常生活的,这种拒不履行数据被遗忘义务的行为应当认定为犯罪。另外攻击者也有可能利用开发者造成的技术漏洞通过黑客攻击等手段获取这些敏感信息,从而达到实施犯罪行为的目的或其他非法目的。这种明确拒绝履行数据被遗忘义务的行为严重侵犯了信息主体的个人信息自决权,具备实质的法益侵害性。[1]如果 ChatGPT 系统开发者、管理者等拒绝履行具有个人指向性信息的遗忘义务,损害了公民的个人信息权,便可以将此类行为纳入侵犯个人信息罪的规制范畴。

我国民法学界将被遗忘权的范围限定为网络信息领域的、已经发布的、权利义务主体特定的、具有可识别性的公民个人信息。因此,相关主体没有履行删除、遗忘个人信息之外的其他数据的义务就不能认为侵犯了数据被遗忘权,

---

① 刘宪权:《擅自处理公开的个人信息行为的刑法认定》,载《中国应用法学》2022 年第 5 期。

不能将其作为侵犯公民个人信息的犯罪加以刑事处罚。但是,根据我国《个人信息保护法》《数据安全法》《网络安全法》等对数据安全体系的建构目的可以得知,保障数据存储、传输、交易等全流程中的数据运行秩序稳定,是我国数据安全法治体系的治理要求。那么,侵犯不具有识别性的数据的行为,情节严重的,必将会严重妨害数据安全管理秩序。因此,侵犯被遗忘权以外的信息的行为可能构成妨害数据安全管理秩序的犯罪。有学者认为,应在我国现行刑法条文中增设妨害数据流通罪,对非法获取、传输一般数据等妨害数据流通管理秩序且情节严重的行为进行规制。①笔者赞成此观点,因为该罪名的设立,不仅仅能够保护我国数据流通的秩序法益,也能够规制数据被遗忘机制运行的法律秩序。因此,针对违反数据被遗忘义务,情节严重的行为,增设妨害数据流通罪是具有合理性的。

(二) 故意不删除或编造相关数据以实现其他犯罪

区别于拒不履行数据被遗忘权的消极不作为行为,故意删除或故意编造相关数据的行为便是积极利用生成式人工智能技术来达到其实现犯罪的目的。ChatGPT 等交互型人工智能模型强大的对话回应、信息收集重组功能可能会使其成为实施犯罪行为的工具。若其平台管理者在明知该数据信息可能对数据主体具有负面评价意义而仍不加以删除,反而设置一定的关键词故意使该信息在平台加速传播,或者故意编造虚假的具有指向性的信息,通过恶意操纵等行为训练出被污染的个人信息,那么其可能会构成侮辱罪、诽谤罪等传统的犯罪。利用 ChatGPT 传播具有侮辱、诽谤性质的个人信息也符合侮辱诽谤罪的公然性特征,不过,区别于传统的侮辱罪、诽谤罪,互联网情形下的行为公然性与结果公然性具有一定的时间间隔,并且其结果具有不确定性的特点,②这种损害一旦发生,可能会产生比传统的侮辱诽谤更为严重的结果,并且会随着时间的推移持续扩大,造成更为严重的人身权利损害后果,甚至会对社会秩序造成恶劣影响。

(三) 平台未及时履行数据被遗忘义务造成严重损害结果

由于平台开发者、管理者的疏忽大意或者过于自信,对于应当履行的数据被遗忘义务未及时履行,造成个人信息损害严重后果的,相关主体也该承担过

---

① 刘宪权:《数据犯罪刑法规制完善研究》,载《中国刑事法杂志》2022 年第 5 期。
② 刘宪权:《ChatGPT 等生成式人工智能的刑事责任问题研究》,载《现代法学》2023 年第 4 期。

失犯的刑事责任。除故意违反数据被遗忘权造成严重损害结果的行为以外，不排除相关责任人未及时履行数据被遗忘义务或者未认识到不履行被遗忘义务的严重性，而导致相关数据被严重再利用或者严重扰乱数据安全管理秩序的情形。例如因疏忽大意而未将应当删除的信息予以删除。不论是故意还是过失，凡是由于其过错侵害信息主体被遗忘权造成严重损害后果的，就可能构成相应的犯罪。对此，可以比照重大责任事故罪，在数据犯罪体系中增设重大数据安全事故罪。重大数据安全事故罪是指，负有数据安全管理义务的单位或个人，在数据安全管理过程中，违反相关管理义务，造成重大数据泄露、流失、损坏、污染等事故或者造成其他严重后果从而应当负刑事责任。对重大事故的认定标准，可以参照个人信息保护法中对个人信息侵害行为的分级分类标准进行划分。

四、侵害数据被遗忘权相关主体的刑事责任分析

风险属于谁的管辖范围，谁便需要对风险及由此产生的结果来负责。[1]生成式人工智能作为人工智能体的一种，平台的研发者、管理者和使用者常常处于分离的状态，因此其刑事责任的分配不能当然地与传统自然人刑事责任的认定相等同。不同主体位于不同的信息处理环节，其刑事责任的认定应当与其职权范围相吻合，有关生成式人工智能相关主体的刑事责任分析如下：

（一）平台研发者的刑事责任

基于法律法规、人工智能产品行业规范及承诺，人工智能产品的使用者有理由对于其按照规程操作人工智能产品会满足其需求并且不会产生其他严重的社会后果产生信赖。如果在人工智能产品的使用者未违反操作或使用规程的情形下，法律仍保留追究其刑事责任的可能性，就等同于迫使使用者预见到人工智能产品可能出现的所有会引发事故的产品瑕疵并及时作出修正。[2]ChatGPT 等生成式人工智能技术运行具有高难度，在数据被遗忘权的保护层面，平台开发者具有义不容辞的责任。生成式人工智能开发者应当在设计代码时就配备有效的数据被遗忘途径，对可能发生的数据安全事故提前作出预防和修正。但是一味地将不履行义务的开发者的行为纳入刑事责任的领域势必会产

---

① 劳东燕：《过失犯中预见可能性理论的反思与重构》，载《中外法学》2018 年第 2 期。
② 刘宪权：《涉人工智能产品犯罪刑事责任的归属与性质认定》，载《华东政法大学学报》2021 年第 1 期。

生人人自危的乱象,基于法秩序统一性原则,为生成式人工智能开发者设置一定的安全技术标准作为追究刑事责任的前提才应当是其可行性的措施。如果违反了安全技术标准的行为引发了严重的社会危害结果,此时则应当追究生成式人工智能平台研发者的刑事责任,以前述的妨害数据流通罪或者侵犯公民个人信息罪进行处罚。

（二）平台管理者的刑事责任

ChatGPT 的平台管理者也即通常意义上的网络服务提供者,其对于维护信息网络安全负有重要的社会责任。如前所述,如果生成式人工智能平台的研发者,在设计生成式人工智能平台的同时已经设计配备了一系列的数据被遗忘指令,并且能够及时响应数据所有权人基于法定的事由请求删除某项数据的要求,那么,在平台实际管理过程中,生成式人工智能平台的数据安全监管责任已经由研发者转移给了管理者,管理者无论是基于故意还是过失的心态,只要其未履行数据删除义务造成了严重的社会危害结果,就应当依据其所构成的犯罪,追究其刑事责任。平台管理者违反保护数据被遗忘权的义务造成严重损害后果的可以构成侵犯公民个人信息罪、拒不履行信息网络安全管理义务罪。若过失造成信息侵害的严重后果,可以考虑增设前述的重大数据安全事故罪。

（三）相关主体的合规责任

基于生成式人工智能"预训练＋微调"的开发范式,第一阶段的"预训练"需要借助大量的高质量训练数据集进行的无监督学习,导致生成式人工智能训练数据的合规获取与使用成为 ChatGPT 在训练维度面临的首要任务。但是,除了防止训练数据的不法获取和不当使用之外,数据被遗忘权的保护措施也应当被纳入不同主体的合规计划构建之中。比如,在 ChatGPT 平台管理者的日常合规管理过程中,针对数据权利人的请求,管理者是否能保证在一定时间内完成数据被删除工作,并消除隐形危害,是评价平台合规计划是否有效的重要标准。在数据安全领域内,不能仅仅着眼于对涉案企业的"个案合规整改",还需要将合规整改的对象扩展到整个行业,督促那些从事 ChatGPT 等生成式人工智能体研发或监管的企业都加入合规管理体系建设中,推动末端处理与前端治理于一体,促进涉案企业守法经营、预防再犯。压实网络运营者、数据处理者、关键信息基础设施运营者的信息网络安全管理、数据安全保护义务,依法惩治拒不履行信息网络安全管理义务等犯罪,筑牢网络数据安全屏障。

结　　语

在当今数字化时代，随着科技的迅猛发展，对于个人数据的隐私和安全问题变得日益突出。互联网的记忆功能逐渐增强，ChatGPT 等新型生成式人工智能的运行模式使个人信息的利用率大幅增加，个人数据侵权风险随之升高。本文以 ChatGPT 为例，探讨了数据被遗忘权在刑法领域的保护问题。生成式人工智能对话模型在生成、调整、运行的各个环节都隐含着个人数据泄露、数据污染以及数据偏差等风险，如果让那些"有瑕疵的"甚至"错误的"个人信息继续存在于训练模型中，循环往复地被使用，势必对个人信息的保护产生不可估量的损害后果。数据被遗忘权面对如此强大的互联网记忆功能，将会是个人信息保护的一把"利刃"。因此，需要全面分析侵害数据被遗忘权的不同主体的责任以及不同类型的犯罪行为，有助于形成更为完善的刑法保护体系，确保数字社会的健康发展。

图书在版编目(CIP)数据

刑法学研究.第 16 卷,ChatGPT 等生成式人工智能刑
事责任问题研究/刘宪权主编.—上海:上海人民出
版社,2024
ISBN 978 - 7 - 208 - 18767 - 2

Ⅰ.①刑⋯　Ⅱ.①刘⋯　Ⅲ.①刑法-研究-丛刊
Ⅳ.①D914.04 - 55

中国国家版本馆 CIP 数据核字(2024)第 034210 号

责任编辑　伍安洁
封面设计　甘晓培

刑法学研究(第 16 卷)
——ChatGPT 等生成式人工智能刑事责任问题研究
刘宪权　主编
龙　敏　副主编

出　　版　上海人民出版社
　　　　　(201101　上海市闵行区号景路 159 弄 C 座)
发　　行　上海人民出版社发行中心
印　　刷　上海新华印刷有限公司
开　　本　720×1000　1/16
印　　张　10.75
插　　页　2
字　　数　179,000
版　　次　2024 年 3 月第 1 版
印　　次　2024 年 3 月第 1 次印刷
ISBN 978 - 7 - 208 - 18767 - 2/D・4271
定　　价　55.00 元